Bitcoin

Autonomiser les individus et bouleverser les systèmes financiers traditionnels

Anja Weber

Table des matières

Introduction

Dans un monde où la technologie change constamment de nombreux aspects de notre vie, Bitcoin est devenu une force révolutionnaire dans le secteur financier. Bitcoin est une monnaie numérique décentralisée née de la crise financière de 2008 et a la capacité de responsabiliser les gens et de perturber les systèmes financiers établis. La blockchain, la technologie sous-jacente, a créé de nouvelles opportunités pour les transactions peer-to-peer qui sont transparentes, sécurisées et sans intermédiaire.

Le monde du Bitcoin est exploré en profondeur dans ce livre électronique, ainsi que ses effets significatifs sur les personnes et son potentiel à modifier fondamentalement la façon dont nous percevons l'argent, les paiements et les systèmes financiers. Notre objectif est de donner aux lecteurs les informations dont ils ont besoin pour naviguer avec succès dans cet environnement en évolution rapide en leur fournissant une compréhension approfondie du Bitcoin.

Les idées fondamentales derrière Bitcoin, sa croissance historique et les principales caractéristiques qui le distinguent des monnaies conventionnelles seront toutes expliquées dans les chapitres qui suivent. Nous examinerons les avantages qu'elle apporte aux gens, notamment l'autonomisation financière, la diminution des coûts de transaction, une confidentialité accrue et des chances de développement économique. Nous explorerons également le potentiel disruptif du Bitcoin, en examinant comment il affecte les systèmes bancaires conventionnels, les intermédiaires et l'environnement réglementaire.

Nous offrirons un aperçu des opportunités d'investissement, des stratégies et des mesures de sécurité liées à l'investissement dans Bitcoin, un sujet d'un immense intérêt. Nous examinerons les utilisations potentielles de la technologie blockchain en dehors du Bitcoin, ainsi que l'émergence de la finance décentralisée (DéFi) et des monnaies numériques des banques centrales (CBDC). Comprendre l'avenir de l'argent est essentiel.

Il est crucial de prendre en compte les implications sociales et environnementales du Bitcoin lorsque nous étudions les opportunités qu'il offre. Dans cet ebook, nous parlerons de la quantité d'énergie utilisée par le minage de Bitcoin, des projets communautaires durables et de la manière dont Bitcoin a contribué à faire progresser les causes caritatives et l'inclusion financière.

Mais il est crucial d'être conscient des inconvénients et des risques du Bitcoin. Pour prendre des décisions judicieuses et gérer de manière appropriée ce paysage changeant, il est important de comprendre la volatilité, les risques de sécurité, les obstacles réglementaires et les implications éthiques.

À la fin de ce livre électronique, vous aurez une compréhension approfondie du Bitcoin, de sa capacité à responsabiliser les gens et de son effet perturbateur sur les systèmes financiers conventionnels. Cet e-book vise à servir de guide, mettant en lumière le pouvoir transformationnel du Bitcoin et vous invitant à explorer ce monde fascinant, que vous soyez un investisseur, un technologue ou simplement curieux de l'avenir de l'argent.

Rejoignez-nous dans cette aventure informative alors que nous explorons comment Bitcoin modifie le paysage financier et responsabilise les gens comme jamais auparavant, dévoilant ainsi sa complexité.

Chapitre I : Comprendre Bitcoin

Qu'est-ce que le Bitcoin ?

Depuis son lancement en 2009, Bitcoin, la première monnaie numérique décentralisée, a suscité un intérêt et un attrait considérables. L'idée révolutionnaire derrière Bitcoin, introduite par une personne ou un groupe non identifié connu sous le nom de Satoshi Nakamoto, constituait une menace pour les systèmes financiers établis. Les caractéristiques fondamentales du Bitcoin, sa technologie sous-jacente et son influence sur le secteur financier et au-delà seront toutes abordées dans cette section.

Après la crise financière mondiale de 2008, lorsque la confiance dans les institutions bancaires traditionnelles et l'autorité centralisée a été gravement ébranlée, Bitcoin est apparu. Une nouvelle réponse à ces problèmes a été publiée dans le livre blanc de Satoshi Nakamoto, « Bitcoin : un système de paiement électronique peer-to-peer », qu'il a écrit. Il décrit une monnaie numérique décentralisée basée sur un réseau peer-to-peer qui permettrait des transactions sécurisées en supprimant le besoin d'inter médiaires.

La blockchain, qui constitue la technologie fondamentale du Bitcoin, en est la base. La blockchain est un registre distribué qui conserve un enregistrement précis et transparent de toutes les transactions Bitcoin. Chaque transaction est collectée dans un bloc et chaque bloc est connecté au bloc qui le précède, formant une chaîne de données transactionnelles. La blockchain étant décentralisée, aucune entité ne peut exercer de contrôle sur le réseau, renforçant ainsi la sécurité et la confiance.

Bitcoin ne nécessite pas d'administration centralisée ni d'intermédiaires puisqu'il fonctionne sur un réseau décentralisé d'ordinateurs appelés nœuds. Les transactions sont sécurisées par des méthodes cryptographiques, qui régulent également la génération de nouvelles unités. Comme il n'y a que 21 millions de Bitcoins disponibles, la rareté garantit la valeur de la monnaie. Ces idées fondamentales servent de base aux caractéristiques et fonctions distinctives de Bitcoin.

La valeur est transférée d'un utilisateur à un autre lors d'une transaction Bitcoin. La clé privée de l'expéditeur est utilisée pour signer numériquement chaque transaction, garantissant ainsi sa légitimité, et elle est ensuite stockée sur la blockchain. Ces transactions sont vérifiées par les mineurs, qui les ajoutent ensuite à la blockchain et certifient leur légalité. Les utilisateurs peuvent stocker et gérer en toute sécurité leurs avoirs Bitcoin à l'aide de portefeuilles Bitcoin. Les portefeuilles peuvent être constitués de matériel, de logiciels ou même de papier. Ils offrent aux clients une adresse de réception Bitcoin spéciale et la possibilité de signer des transactions avec leurs clés privées.

En permettant aux utilisateurs de contrôler leurs ressources, Bitcoin a la capacité de responsabiliser les gens. Les habitants des zones sous-développées peuvent désormais accéder aux services financiers et participer au commerce mondial, car cela permet des transactions sans frontières et sans autorisation. Bitcoin est une alternative souhaitable pour les envois de fonds internationaux et les micropaiements, car ses frais de transaction sont souvent inférieurs à ceux des méthodes de paiement traditionnelles. De plus, en raison de sa nature pseudonyme et de ses méthodes cryptographiques, Bitcoin offre un anonymat et une sécurité accrus. En donnant accès aux populations sous-bancarisées et non bancarisées du monde entier, cela augmente également les chances d'inclusion financière.

En permettant des transactions directes peer-to-peer, Bitcoin défie les intermédiaires financiers établis, tels que les banques et les processeurs de paiement. Cette désintermédiation réduit la dépendance à l'égard des autorités centralisées et crée des possibilités pour des systèmes financiers plus efficaces et plus inclusifs. En raison de sa nature sans frontières, Bitcoin permet des transactions transfrontalières transparentes, éliminant la nécessité de conversions de devises et réduisant potentiellement les dépenses et les délais de règlement. En outre, l'émergence de nouvelles technologies financières telles que les contrats intelligents, la finance décentralisée (DéFi) et la tokenisation des actifs a été déclenchée par Bitcoin.

La nature erratique du prix du Bitcoin a suscité à la fois intérêt et inquiétude. Les fluctuations des prix peuvent mettre les investisseurs en danger et empêcher une adoption plus large comme moyen d'échange. Les gouvernements et les organismes de réglementation s'efforcent de trouver un équilibre entre le soutien à l'innovation et la protection contre les activités illégales, car Bitcoin fonctionne dans un environnement réglementaire qui varie selon les régions. De plus, la mise à l'échelle devient plus difficile à mesure que la popularité du Bitcoin augmente. Pour garantir une expérience utilisateur sans faille, il faut remédier à la capacité limitée de traitement des transactions et aux coûts associés pendant les périodes de forte demande.

Contexte historique et développement du Bitcoin

La première monnaie numérique décentralisée, Bitcoin, a transformé le secteur financier et a attiré l'attention des citoyens du monde entier. Un certain nombre d'occasions et de développements technologiques ont influencé à la fois son origine et son évolution ultérieure. Nous examinerons dans cette section le contexte historique et les tournants cruciaux de l'évolution du Bitcoin, en retraçant ses racines, ses découvertes importantes et l'influence qu'il a eu sur le monde financier.

Un certain nombre de tentatives ont été faites pour développer la monnaie numérique avant le Bitcoin. E-gold, DigiCash et Hashcash faisaient partie des idées qui ont ouvert la voie aux concepts et aux innovations qui ont finalement donné naissance au Bitcoin. Ces études préliminaires ont illustré la nécessité de la monnaie numérique ainsi que les difficultés liées au développement de monnaies numériques décentralisées, sécurisées et largement reconnues.

L'histoire du Bitcoin est intrinsèquement liée à la personne non identifiée connue sous le nom de Satoshi Nakamoto. Sous le pseudonyme de Satoshi Nakamoto, un livre blanc intitulé « Bitcoin : un système de paiement électronique peer-to-peer » a été publié sur Internet le 31 octobre 2008. Les fondements philosophiques et les spécificités techniques du Bitcoin ont été expliqués dans ce livre blanc, posant les bases les bases de son avancement et de son adoption ultérieure.

Le bloc Genesis, également connu sous le nom de bloc 0, a été exploité le 3 janvier 2009, marquant le démarrage officiel du réseau. La blockchain Bitcoin, qui agirait comme une base de données décentralisée pour enregistrer toutes les transactions, a officiellement démarré avec cela. La création et la validation de nouveaux Bitcoins via le processus de minage sont essentielles à la sécurité et à la fiabilité du réseau Bitcoin.

Dans ses premières années, Bitcoin a largement attiré l'attention des groupes férus de technologie et des organisations cypherpunk. Les premiers utilisateurs s'y sont intéressés en raison de son potentiel à perturber les systèmes financiers conventionnels et à permettre des transactions peer-to-peer sans intermédiaire. Les forums et les communautés en ligne, comme le forum Bitcointalk, sont devenus des points focaux de conversations et de partage d'idées sur l'évolution du Bitcoin et ses utilisations.

La transaction Pizza est l'un des incidents les plus connus dans l'histoire de Bitcoin. La première transaction Bitcoin réelle a été réalisée avec succès le 22 mai 2010 par Laszlo Hanyecz, un passionné de Bitcoin. Afin de démontrer la valeur potentielle et l'utilisation du Bitcoin comme monnaie, il a échangé 10 000 Bitcoins contre deux pizzas.

La création d'échanges Bitcoin a été essentielle pour permettre la conversion du Bitcoin en monnaie fiduciaire. La bourse Bitcoin la plus connue, Mt. Gox, créée en 2010, gère désormais une part importante du volume des échanges de cette crypto-monnaie. Cependant, une faille dévastatrice sur le mont Gox en 2014 a entraîné la perte de centaines de milliers de Bitcoins, mettant en évidence les vulnérabilités et les risques des échanges centralisés.

Le développement et la mise à niveau du protocole Bitcoin se sont largement appuyés sur les propositions d'amélioration du Bitcoin (BIP). Les BIP donnent aux membres de la communauté la possibilité de suggérer des mises à niveau, des ajouts ou de nouvelles fonctionnalités pour le réseau Bitcoin. La sécurité, l'utilité et la fonctionnalité de Bitcoin ont été renforcées par des BIP notables tels que le BIP 32 (portefeuilles déterministes hiérarchiques) et le BIP 39 (code mnémonique pour la génération de clés déterministes).

Les gouvernements et les organismes de réglementation du monde entier ont débattu de la manière de gérer ce nouveau type de monnaie alors qu'elle gagnait en popularité. Différents pays ont mis en place divers cadres législatifs, allant d'interdictions pures et simples à l'acceptation du Bitcoin comme véritable classe d'actifs. Les obstacles réglementaires, notamment les lois sur la connaissance du client (KYC) et la lutte contre le blanchiment d'argent (AML), ont influencé la façon dont Bitcoin est utilisé et vendu dans divers endroits.

La communauté a commencé à débattre et à beaucoup parler de l'évolutivité du Bitcoin. La capacité limitée du réseau Bitcoin à traiter les transactions a entraîné des frais plus élevés et des délais de confirmation plus lents pendant les périodes de forte demande. Segregated Witness (SegWay), une mise à niveau du protocole qui a amélioré la capacité de transaction et ajouté de nouveaux avantages, a été adoptée en 2017 à la suite de la discussion sur la mise à l'échelle. Cependant, la discussion a également abouti à un hard fork qui a donné naissance à Bitcoin Cash, une crypto-monnaie distincte avec des blocs de plus grande taille.

Ces dernières années, Bitcoin a gagné en acceptation générale et en adoption institutionnelle. Les utilisateurs ont désormais accès au Bitcoin comme option de paiement grâce à l'intégration du Bitcoin dans les plateformes d'institutions

financières

populaires, comme PayPal et Square. Les grandes entreprises ont également réalisé d'importants investissements dans Bitcoin, démontrant une confiance croissante dans sa valeur future et son potentiel en tant que réserve de valeur. Ces sociétés incluent par exemple Tesla et MicroStrategy.

Des solutions innovantes aux défis de mise à l'échelle et de performances des transactions ont été introduites à mesure que Bitcoin continue de se développer. En prenant en charge les transactions hors chaîne, le Lightning Network, une solution de couche deux créée au-dessus de la blockchain Bitcoin, vise à permettre des transactions plus rapides et plus abordables. Le potentiel du Bitcoin est également élargi par les développements de technologies améliorant la confidentialité et la recherche de solutions de deuxième couche.

Conceptsclés :blockchain,décentralisationetcryptographie

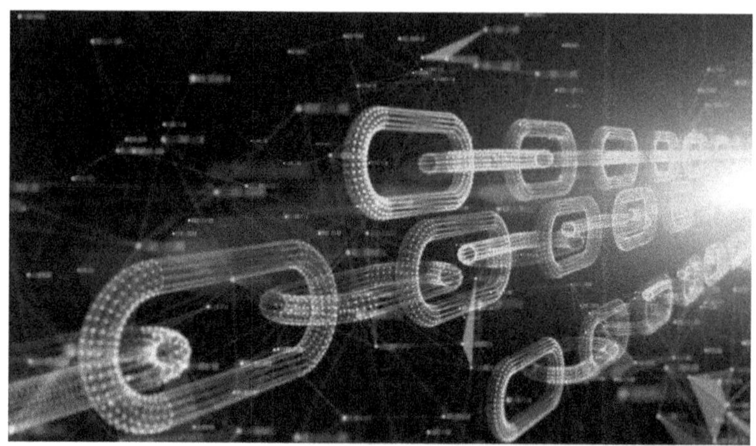

Les technologies innovantes ont changé divers aspects de notre vie à l'ère numérique, notamment la manière dont nous échangeons de la valeur et la confiance que nous pouvons accorder les uns aux autres. Les trois idées essentielles qui soutiennent ce changement sont la décentralisation, la blockchain et la cryptographie. Ces idées, leurs liens et leur importance dans la transformation de secteurs tels que la finance, la gestion de la chaîne d'approvisionnement et la sécurité des données seront tous abordés dans cette section. Comprendre ces idées fondamentales nous permet d'apprécier leur force et leur potentiel pour créer des systèmes plus sûrs, ouverts et efficaces.

La blockchain est un registre distribué qui n'est pas centralisé et qui assure le suivi des transactions sur de nombreux ordinateurs ou nœuds. Un bloc est créé pour chaque transaction, qui est ensuite ajouté à une série de blocs précédents pour créer un historique immuable et visible des transactions. La blockchain remplace le besoin d'intermédiaires et d'autorités centralisées en agissant comme une source fiable de vérité. La transparence, l'immuabilité et la décentralisation y sont toutes incarnées. L'idée fondamentale derrière la technologie blockchain est la décentralisation. La blockchain utilise des méthodes de consensus qui permettent aux nœuds de s'entendre à l'unanimité sur l'état du grand livre plutôt que de dépendre d'une autorité centrale pour approuver et vérifier les transactions. La preuve de travail, également connue sous le nom de PoW, la preuve de participation (PoS) et la tolérance aux pannes byzantine pratique (PBFT), sont quelques exemples de mécanismes de consensus.

Chacun a ses avantages et ses inconvénients. La décentralisation améliore la sécurité, la résilience et l'inclusivité du réseau.

Un aspect crucial de la technologie blockchain est la transparence. Une transaction est responsable et moins susceptible d'être frauduleuse une fois qu'elle est enregistrée sur la blockchain et rendue accessible à tous les participants. De plus, l'immuabilité de la blockchain garantit que les transactions ne peuvent pas être modifiées ou altérées, ce qui entraîne des niveaux élevés d'intégrité et de sécurité des données. Ces fonctionnalités de la blockchain favorisent la confiance et rendent les transactions plus transparentes et décentralisées.

La décentralisation est le processus qui consiste à répartir le contrôle et la prise de décision sur un réseau plutôt que de les concentrer entre les mains d'une seule entité. Il donne aux gens plus de contrôle sur leurs données, leurs actifs et leurs interactions en incarnant les valeurs d'autonomie, de résilience et d'inclusivité. La caractéristique essentielle de la technologie Blockchain est la décentralisation, qui élimine le besoin d'une autorité centralisée et favorise les connexions peer-to-peer.

En divisant le commandement et la prise de décision entre plusieurs nœuds du réseau, la décentralisation améliore la sécurité. Puisqu'il n'y a pas de point de défaillance unique, le risque d'attaques malveillantes ou de violations de données est réduit. Le système dans son ensemble continue de fonctionner, garantissant la disponibilité et la continuité du service même si quelques nœuds du réseau sont compromis ou se déconnectent. La décentralisation favorise la résilience car le réseau est mieux à même de s'adapter aux changements et de rebondir après les échecs.

La décentralisation encourage également l'inclusion et l'autonomisation en donnant à ceux qui sont généralement défavorisés ou exclus un accès aux services financiers, à l'information et aux opportunités. Les individus se voient attribuer la propriété et le contrôle de leurs identités, possessions et interactions numériques, ce qui leur donne du pouvoir. Les systèmes décentralisés permettent aux gens de faire des affaires directement les uns avec les autres, éliminant ainsi les intermédiaires et limitant les contrôleurs d'accès.

L'étude des communications sécurisées et de la sécurité des données à l'aide de méthodes mathématiques est connue sous le nom de cryptographie. Il garantit la confidentialité, l'exactitude et la fiabilité des données, permettant des échanges d'informations et des conversations sécurisées. Afin de protéger les réseaux blockchain et de permettre des interactions sécurisées entre les participants, les approches cryptographiques sont essentielles.

Deux grandes catégories d'algorithmes de chiffrement utilisés en cryptographie sont

la

cryptographie symétrique et asymétrique. La cryptographie asymétrique utilise deux clés : la première est la clé publique pour le chiffrement et la seconde est une clé privée pour le déchiffrement. La cryptographie symétrique crypte et déchiffre les données à l'aide d'une clé secrète partagée. Sans échange de clés secrètes, la cryptographie asymétrique assure une communication sécurisée entre les parties.

Une méthode cryptographique appelée signature numérique est utilisée pour confirmer l'authenticité et l'intégrité des messages ou documents numériques. Ils offrent un moyen de vérifier l'authenticité de l'expéditeur et l'intégrité du message tout au long de la transmission. D'un autre côté, les fonctions de hachage prennent n'importe quelle donnée d'entrée et la transforment en une chaîne de caractères de longueur fixe appelée « hachage ». Étant donné que même un changement mineur dans les données d'entrée générera une valeur de hachage totalement différente, ils sont utilisés pour garantir l'intégrité des données.

Les fonctionnalités de sécurité et de confidentialité de la technologie blockchain dépendent de la cryptographie. La validité, l'intégrité et l'immuabilité des données enregistrées sur la blockchain sont garanties par des méthodes cryptographiques telles que les signatures numériques et les fonctions de hachage. Dans les systèmes basés sur la blockchain, des méthodes de cryptage sont également utilisées pour protéger les données sensibles et garantir la confidentialité. Au sein des réseaux décentralisés, la cryptographie assure des communications sécurisées, des transactions sécurisées et une gestion sécurisée des identités.

Les idées fondamentales de la blockchain, de la décentralisation et du cryptage sont interdépendantes et synergiques ; elles se combinent pour produire des systèmes plus sécurisés, ouverts et efficaces.

La décentralisation et la blockchain sont des idées qui vont de pair. La décentralisation est rendue possible par la technologie blockchain, qui offre un mécanisme de consensus et un enregistrement transparent des transactions. En répartissant le contrôle et la prise de décision entre plusieurs nœuds, la décentralisation améliore la sécurité et la robustesse du réseau blockchain. Ils facilitent les connexions peer-to-peer, favorisent la confiance et suppriment le besoin d'intermédiaires.

Étant donné que la cryptographie offre les outils et techniques nécessaires pour permettre une communication sécurisée, l'intégrité des données et l'authentification sur les réseaux décentralisés, la blockchain et la cryptographie sont des domaines étroitement liés. La validité, l'intégrité et l'immuabilité des données enregistrées sur la blockchain sont garanties par des méthodes cryptographiques telles que les signatures numériques et les fonctions de hachage. Dans les systèmes basés sur la blockchain, les algorithmes de chiffrement offrent l'anonymat et la protection des données sensibles.

Afin de créer des systèmes sécurisés et fiables, la décentralisation et la cryptographie fonctionnent mieux ensemble. Afin de garantir la sécurité des communications, l'intégrité des données et l'authentification au sein des réseaux décentralisés, la cryptographie offre les outils et techniques essentiels. La décentralisation, en revanche, améliore la sécurité des systèmes cryptographiques en dispersant le pouvoir et la confiance sur le réseau. Alors que le chiffrement protège la confidentialité, l'authenticité et l'intégrité des données et des communications, la décentralisation favorise l'inclusion, la résilience et la sécurité.

La blockchain, la décentralisation et la cryptographie ont la capacité de perturber de nombreux secteurs et de transformer la façon dont nous menons nos affaires, communiquons des informations et établissons une confiance mutuelle.

Les crypto-monnaies basées sur la blockchain défient les institutions bancaires conventionnelles du secteur financier en permettant des transactions sans frontières et sans autorisation. Ils offrent aux personnes qui n'ont peut-être pas accès aux services bancaires conventionnels l'inclusion financière et l'indépendance. Les applications de finance décentralisée (DéFi) créées sur les plateformes blockchain offrent une nouvelle méthode d'utilisation d'intermédiaires pour accéder aux services financiers, notamment les prêts, les emprunts et la gestion d'actifs.

La blockchain améliore la traçabilité et la transparence dans la gestion de la chaîne d'approvisionnement, réduisant ainsi la fraude et la contrefaçon. Les parties prenantes peuvent vérifier l'origine, la validité et le parcours des marchandises en documentant leur cycle de vie complet sur la blockchain. Cela favorise des pratiques commerciales éthiques et une gestion efficace de la chaîne d'approvisionnement.

Les applications décentralisées (dApps) créées sur les plateformes blockchain ouvrent également la porte à de toutes nouvelles interactions et modèles économiques. Ces applications créent des écosystèmes décentralisés où les utilisateurs peuvent communiquer, effectuer des transactions et collaborer sans avoir recours à des intermédiaires. Pour ce faire, ils utilisent les idées de décentralisation, de blockchain et de cryptographie. Ils encouragent l'innovation et la décentralisation de l'autorité en permettant de nouveaux modèles de gouvernance, de propriété et de création de valeur.

Maintenir un équilibre entre transparence et confidentialité devient plus important à mesure que la technologie blockchain se développe. L'ouverture et l'intégrité des systèmes blockchain sont préservées tout en fournissant des fonctionnalités améliorant la confidentialité grâce à l'utilisation de technologies telles que les preuves sans connaissance et les crypto-monnaies axées sur la confidentialité. De plus, les gens peuvent conserver en toute sécurité leur identité numérique et contrôler leurs données personnelles grâce aux systèmes d'identité décentralisés.

Un autre domaine d'intérêt concerne les problèmes d'évolutivité. Pour augmenter la vitesse des transactions et réduire les coûts, des stratégies comprenant le sharding, les transactions hors chaîne et les protocoles de couche deux comme le Lightning Network sont utilisées. L'utilisation de protocoles d'interopérabilité permet un partage de données et une communication fluides entre différents réseaux blockchain, encourageant la coopération et la synergie systémique.

Différencier Bitcoin des monnaies et systèmes de paiement traditionnels

La première monnaie numérique décentralisée, Bitcoin, est devenue une force perturbatrice dans le secteur financier. Il se distingue des monnaies et systèmes de paiement conventionnels par ses caractéristiques distinctives et la technologie sous-jacente. Nous examinerons dans cette section les principales distinctions entre Bitcoin et les formes de monnaie conventionnelles, ainsi que les implications de ces différences. Nous pouvons apprécier le potentiel de transformation du Bitcoin et son impact sur l'avenir de la finance en comprenant les différenciateurs sous-jacents.

Bitcoin est une monnaie numérique peer-to-peer développée par une personne ou un groupe non identifié connu sous le nom de Satoshi Nakamoto. Il a été développé en réponse à la demande d'une forme de monnaie décentralisée et open source, capable de prendre en charge des transactions sûres et efficaces à l'ère numérique. Bitcoin se démarque dans le secteur financier en raison de sa décentralisation, de son offre limitée et de sa technologie innovante.

Les nœuds ou un réseau décentralisé d'ordinateurs prennent en charge le protocole Bitcoin. Le Bitcoin est décentralisé, contrairement aux monnaies conventionnelles régies par les gouvernements ou les banques centrales. Un système de confiance distribué et ouvert est encouragé par la nature décentralisée du réseau, qui garantit qu'aucune entité n'en a le contrôle. Sans recours à des intermédiaires, les transactions Bitcoin peuvent être effectuées directement entre les participants.

De plus, il n'y a qu'un maximum de 21 millions de Bitcoins jamais créés, ce qui en fait une offre limitée. L'émission réglementée du Bitcoin en fait une monnaie déflationniste et prévient les forces inflationnistes. Le Bitcoin est rare et sa demande augmente, ce qui lui a permis de prendre de la valeur au fil du temps.

À bien des égards, notamment par sa forme physique, l'existence d'une autorité centralisée et le degré de sécurité et d'efficacité des transactions, le Bitcoin diffère des monnaies traditionnelles.

Bien que Bitcoin n'existe que sous forme numérique, les monnaies traditionnelles comme l'argent liquide et la monnaie fiduciaire ont une forme physique. La blockchain est un registre décentralisé qui conserve des informations sur la propriété et l'historique des transactions du Bitcoin. Pour cette raison, aucune présence physique n'est requise pour effectuer des transactions internationales fluides.

Contrairement aux monnaies conventionnelles, qui sont contrôlées soit par les gouvernements, soit par les banques centrales, le Bitcoin est décentralisé. Les initiatives gouvernementales, les contrôles monétaires ou les facteurs géopolitiques ne l'affectent pas. Étant donné que Bitcoin est décentralisé, il y a moins de risques de censure ou de manipulation et les transactions peuvent être effectuées sans avoir recours à des intermédiaires comme les banques.

Les caractéristiques les plus importantes qui distinguent Bitcoin des systèmes de paiement conventionnels sont la sécurité et l'anonymat des transactions. Les transactions Bitcoin étant pseudonymes, les identités des utilisateurs restent confidentielles grâce à des méthodes cryptographiques. Les transactions Bitcoin offrent un certain niveau de confidentialité alors que les systèmes conventionnels exigent fréquemment la divulgation d'informations personnelles. De plus, le Bitcoin étant une monnaie cryptographique, sa forte résistance à la fraude et au piratage garantit la sécurité et l'intégrité des transactions.

Par rapport aux systèmes bancaires conventionnels, les transactions Bitcoin peuvent être exécutées plus rapidement et plus efficacement. Plusieurs intermédiaires sont fréquemment utilisés dans les systèmes de paiement traditionnels, ce qui prolonge les délais de règlement et augmente les coûts de transaction. Sans avoir recours à des intermédiaires grâce au réseau peer-to-peer de Bitcoin, les transactions peuvent être effectuées plus rapidement et à moindre coût, en particulier pour les paiements inter nationaux.

Bitcoin a le potentiel de transformer complètement les méthodes de paiement établies, en particulier dans des secteurs tels que le commerce international, l'inclusion financière et la vente au détail en ligne.

Des frais élevés et des délais de traitement prolongés sont courants dans les transactions transfrontalières, en particulier les envois de fonds. Bitcoin élimine les intermédiaires traditionnels et réduit les frais de conversion de devises, permettant des transferts transfrontaliers presque immédiats et peu coûteux. Cela a des implications significatives pour les personnes et les entreprises qui dépendent du commerce transfrontalier en offrant une alternative plus rapide et moins coûteuse.

Un autre domaine dans lequel Bitcoin peut avoir une grande influence est l'inclusion financière. Des millions de personnes dans le monde n'ont désormais pas accès aux services financiers fondamentaux en raison des systèmes bancaires traditionnels. En permettant l'inclusion et l'accessibilité financières aux populations non bancarisées et sous-bancarisées, Bitcoin offre une alternative. Les gens peuvent s'engager dans le réseau Bitcoin avec un smartphone et une connexion Internet, ce qui leur donne accès à des services financiers et à des opportunités qu'ils n'ont jamais eues auparavant.

Les micro paiements sont rendus possibles par la divisibilité du Bitcoin, ouvrant de nouvelles voies au commerce en ligne. En raison de leurs coûts de transaction élevés, les systèmes de paiement traditionnels rencontrent parfois des difficultés lors du traitement de transactions mineures. Bitcoin est la solution idéale pour les microtransactions en raison de ses faibles frais de transaction et de sa nature numérique transparente, qui favorise la créativité et les modèles commerciaux innovants dans l'économie numérique.

Chaque pays a un environnement réglementaire différent pour le Bitcoin. Les gouvernements et les organismes de réglementation débattent de la manière de gérer et de contrôler les crypto-monnaies. Alors que certains pays ont adopté Bitcoin parce qu'ils voient son potentiel à promouvoir l'innovation et le progrès économique, d'autres ont adopté une approche plus prudente, mettant davantage l'accent sur la protection des consommateurs et les réglementations anti-blanchiment d'argent.

Des réglementations s'appliquent également à la taxation et à la déclaration des transactions Bitcoin. Les gouvernements mettent en place des règles et des lois pour divulguer et taxer l'activité Bitcoin à mesure qu'elle devient plus largement acceptée. À l'instar des transactions financières conventionnelles, les personnes et les entreprises qui utilisent fréquemment Bitcoin doivent divulguer leur activité et se conformer aux exigences fiscales.

L'acceptabilité du Bitcoin et son statut juridique diffèrent d'un pays à l'autre. Alors que certains pays ont considéré le Bitcoin comme monnaie légale, d'autres lui ont imposé des limites ou l'ont carrément interdit. Le niveau d'adoption des entreprises et des détaillants varie également, certains accueillant Bitcoin comme option de paiement et d'autres restant sceptiques ou ignorants de ses possibilités.

L'évolutivité, l'expérience utilisateur et les avancées technologiques ne sont que quelques-unes des implications et des défis qui émergent à mesure que Bitcoin continue de se développer.

À mesure que l'utilisation et la popularité du Bitcoin augmentent, l'évolutivité devient un problème majeur. En période de forte demande, le réseau Bitcoin peut connaître des congestions et des frais de transaction plus élevés en raison de sa capacité limitée de traitement des transactions. La communauté Bitcoin continue d'accorder une grande priorité à la recherche de solutions aux problèmes de mise à l'échelle tout en préservant la décentralisation et la sécurité du réseau.

Pour que le Bitcoin soit adopté plus largement, l'expérience utilisateur et l'éducation sont essentielles. Promouvoir la connaissance des avantages et des inconvénients du Bitcoin est crucial. Bitcoin deviendra plus utilisable et accessible pour les particuliers et les entreprises en améliorant l'expérience utilisateur, par exemple en rationalisant l'administration des portefeuilles et en améliorant les processus de transaction.

Le développement futur et l'influence du Bitcoin dépendent fortement de l'innovation et des progrès technologiques. Pour résoudre les problèmes d'évolutivité et de vitesse detransaction,destechnologiesdecouchedeuxtellesqueLightningNetworkont été introduites. L'utilité et l'attrait du Bitcoin seront également améliorés par le développement d'interfaces conviviales et de technologies améliorant la confidentialité.

Chapitre II : Les avantages du Bitcoin

Autonomisation financière des particuliers

Dans la société interconnectée d'aujourd'hui, l'autonomisation financière est un élément essentiel de l'épanouissement individuel et du développement économique. Cependant, les institutions financières conventionnelles limitent souvent l'accès des citoyens aux services financiers, limitent leur capacité à gérer leurs biens et les laissent à la merci des intermédiaires. Une nouvelle ère d'autonomisation financière est arrivée avec l'avènement du Bitcoin, la première monnaie numérique décentralisée. Dans cette section, nous verrons comment le Bitcoin peut aider les gens à devenir plus indépendants financièrement. Bitcoin offre une variété d'avantages qui permettent aux gens de prendre le contrôle de leur vie financière et de s'impliquer plus pleinement dans l'économie mondiale, de l'inclusion financière et du contrôle des actifs à la vie privée et à la protection contre l'inflation.

L'un des avantages les plus importants du Bitcoin est sa capacité à résoudre le problème de l'exclusion financière. À l'échelle mondiale, des millions de personnes n'ont pas accès aux services financiers fondamentaux comme les comptes bancaires, le crédit et l'épargne. Pour ceux qui n'ont pas accès aux services bancaires traditionnels, Bitcoin offre l'inclusion et l'accessibilité financières. Les gens peuvent créer un portefeuille Bitcoin et rejoindre le réseau financier mondial avec simplement un smartphone et une connexion Internet. Bitcoin supprime les barrières à l'entrée pour les personnes qui ne peuvent pas utiliser les services financiers traditionnels en raison de restrictions régionales, sociales ou économiques permettant des transactions presque immédiates et peu coûteuses. De plus, la nature sans frontières du Bitcoin et ses coûts de transaction peu élevés le rendent particulièrement avantageux pour les transactions et les envois de fonds transfrontaliers, offrant aux gens un moyen sûr et efficace d'envoyer et de recevoir de l'argent à l'international.

Les individus sont responsabilisés par la structure décentralisée du Bitcoin car elle leur donne un contrôle total sur leurs biens. Les utilisateurs de Bitcoin conservent les clés privées de leur portefeuille, ce qui leur permet de contrôler totalement leurs actifs, contrairement aux systèmes bancaires traditionnels où les fonds peuvent être bloqués ou récupérés par les autorités ou les organismes financiers. Grâce à cette propriété et à ce contrôle, les individus bénéficient d'une plus grande autonomie financière et d'une meilleure défense contre les limites arbitraires ou la confiscation de l'argent. De plus, la rareté et les caractéristiques déflationnistes du Bitcoin offrent aux utilisateurs une protection contre l'inflation et les potentielles dévaluations des monnaies traditionnelles. En raison de son offre limitée et de sa rareté, Bitcoin continuera à conserver sa valeur au fil du temps, protégeant le pouvoir d'achat des gens et agissant comme une réserve de valeur dans un contexte économique instable.

Les transactions effectuées avec Bitcoin sont plus privées et sécurisées que celles effectuées avec les systèmes financiers standards. Les identités des utilisateurs sont protégées par des méthodes cryptographiques, même si les transactions sont enregistrées sur une blockchain, un grand livre public. Étant donné que les adresses Bitcoin ne sont pas directement liées aux identités du monde réel, les utilisateurs peuvent effectuer des transactions dans un certain degré de confidentialité. Dans les domaines où la surveillance financière et la censure sont courantes, cette question de confidentialité est particulièrement importante. De plus, la technologie cryptographique de Bitcoin offre de solides protections de sécurité pour protéger l'argent des utilisateurs. Le réseau Bitcoin est protégé contre la fraude et les pirates informatiques grâce aux algorithmes mathématiques complexes qui sécurisent les transactions. Les gens peuvent se sentir en sécurité quant à la sécurité de leurs avoirs

Bitcoin en suivant de bonnes procédures de sécurité, telles que l'utilisation de portefeuilles sécurisés et la protection de la confidentialité des clés privées.

L'utilisation généralisée du Bitcoin incite les gens à poursuivre des études en finances personnelles, en économie et en technologie. Comprendre des idées telles que les clés privées, les portefeuilles et la technologie blockchain est nécessaire pour utiliser Bitcoin. Grâce à cette culture financière croissante, les gens sont mieux équipés pour gérer leurs actifs, sécuriser leurs fonds et participer à l'économie numérique. De plus, Bitcoin crée de nouvelles perspectives commerciales et financières. Les personnes qui ont accès aux marchés peer-to-peer et aux réseaux financiers mondiaux peuvent participer au commerce transfrontalier, vendre des biens et des services directement aux clients et se débarrasser des intermédiaires conventionnels. En abaissant les barrières à l'entrée et en permettant aux gens de créer leur propre entreprise, cela favorise la croissance économique et la prospérité tant pour les individus que pour les communautés. De plus, la structure décentralisée et sans autorisation de Bitcoin permet aux utilisateurs d'être indépendants et souverains financièrement. Sans limitations imposées par les institutions financières conventionnelles ou les gouvernements, les gens sont libres d'effectuer des transactions. Les individus peuvent prendre en charge leur avenir financier, prendre leurs propres décisions financières et ouvrir les portes à la création de richesse et à la mobilité économique ascendante grâce à cette souveraineté financière.

Même si le Bitcoin présente de nombreux avantages en matière d'autonomisation financière, il reste encore un certain nombre de problèmes à résoudre avant de pouvoir être utilisé et adopté à grande échelle. Le respect des exigences légales et des cadres réglementaires est essentiel pour créer un environnement sûr et sécurisé pour le Bitcoin. Des règles et réglementations claires peuvent donner aux gens un sentiment de sécurité et aider Bitcoin à être mieux accepté dans la finance traditionnelle. Des efforts doivent également être faits pour stimuler l'adoption et l'accessibilité. Afin de combler le fossé en matière d'accessibilité et de garantir que Bitcoin soit accessible aux personnes de tous horizons, indépendamment de leur expertise technique ou de leurs connaissances financières, des améliorations de l'expérience utilisateur, des simplifications de la gestion des portefeuilles et des améliorations des initiatives éducatives peuvent toutes y contribuer. Alors que Bitcoin continue de gagner en acceptation et en popularité, l'évolutivité reste un problème très difficile. La durabilité et la viabilité à long terme de Bitcoin dépendent de la résolution des problèmes d'évolutivité tout en réduisant la consommation d'énergie.

Frais de transaction réduits et transferts transfrontaliers plus rapides

En raison de son potentiel à perturber les systèmes financiers établis, Bitcoin, la première monnaie numérique décentralisée, a suscité un intérêt considérable. Bitcoin révolutionne la façon dont les personnes et les organisations effectuent des transactions à l'échelle mondiale en offrant, parmi ses nombreux avantages, des coûts de transaction réduits et des transferts transfrontaliers plus rapides. Dans cette section, nous examinerons les avantages du Bitcoin en termes de rapidité et de rentabilité, en soulignant comment il offre une alternative plus rentable et plus efficace aux systèmes de paiement conventionnels. Nous pouvons comprendre le potentiel révolutionnaire du Bitcoin en permettant des transactions financières transparentes et abordables en comprenant les avantages de coûts de transaction inférieurs et de paiements transfrontaliers plus rapides.

Les coûts de transaction élevés associés aux méthodes de paiement conventionnelles, telles que les cartes de crédit et les virements bancaires, peuvent avoir un impact négatif considérable sur les consommateurs et les entreprises. Les intermédiaires financiers impliqués dans le processus de paiement, tels que les processeurs de paiement, les sociétés de cartes de crédit et les banques, imposent fréquemment ces frais. L'effet cumulatif de ces frais peut réduire la valeur des transactions et alourdir les utilisateurs.

Le potentiel du Bitcoin à réduire les coûts de transaction est l'un de ses principaux avantages. Par rapport aux méthodes de paiement conventionnelles, les transactions Bitcoin comportent souvent des frais réduits, en particulier pour les transferts importants ou internationaux. La fonctionnalité peer-to-peer de Bitcoin élimine le besoin d'intermédiaires, réduisant ainsi le nombre de parties engagées dans les transactions et réduisant les frais associés. Bitcoin est une option souhaitable pour les clients soucieux des coûts, car ses coûts de transaction sont moins élevés, permettant aux particuliers et aux entreprises de conserver une plus grande partie de leur argent.

Les microtransactions et les micro paiements, qui étaient souvent irréalisables ou peu rentables avec les systèmes de paiement conventionnels, sont également rendus possibles grâce aux frais de transaction bon marché du Bitcoin. Les petites transactions, comme payer quelques centimes pour des biens ou des services numériques, sont appelées micro paiements. Une monétisation à plus petite échelle pour les producteurs de contenu, les développeurs et les fournisseurs de services est désormais possible grâce aux frais de transaction peu élevés du Bitcoin, qui le rendent durable pour de telles microtransactions. Cela facilite des transactions simples et abordables, ce qui est avantageux à la fois pour les fournisseurs et les clients.

Les longues attentes de traitement et les frais élevés sont liés aux difficultés liées aux transferts transfrontaliers. Plusieurs intermédiaires, notamment des banques correspondantes et des fournisseurs de change, sont fréquemment utilisés dans les moyens traditionnels de transfert d'argent à l'échelle internationale. Chaque intermédiaire augmente la complexité et la longueur du transfert, ce qui entraîne des retards et des dépenses plus élevées. Pour les personnes et les entreprises qui font du commerce à l'échelle mondiale, ces difficultés ont des implications considérables.

Les transferts transfrontaliers peuvent être effectués plus rapidement et plus efficacement en raison de l'absence de frontières dans le Bitcoin. En utilisant Bitcoin, les particuliers et les entreprises peuvent éviter les intermédiaires conventionnels impliqués dans les transferts transfrontaliers, permettant ainsi des transactions directes peer-to-peer. Grâce à cette méthode simple, la transaction peut être vérifiée et traitée par une seule institution bancaire, ce qui permet d'économiser du temps et de l'argent sur les transactions transfrontalières.

Par rapport aux paiements transfrontaliers traditionnels, qui peuvent prendre des jours, voire des semaines, les transactions Bitcoin offrent des vitesses de confirmation presque instantanées. Le minage est une méthode utilisée pour répartir les transactions Bitcoin sur le réseau et les valider, garantissant ainsi la sécurité et l'intégrité de la transaction. La confirmation de la transaction par le réseau la rend définitive, permettant un règlement rapide. Grâce à la rapidité des transactions, les particuliers et les entreprises peuvent profiter de possibilités qui nécessitent une action rapide, comme le commerce international ou les activités d'investissement.

Les petites entreprises et les entrepreneurs sont considérablement touchés par des coûts de transaction inférieurs et des paiements transfrontaliers plus rapides. Les petites entreprises disposent souvent de ressources limitées et les coûts de transaction élevés peuvent nuire à leurs résultats. Les petites entreprises peuvent utiliser Bitcoin pour réduire considérablement les coûts de transaction, libérant ainsi davantage de fonds pour leur expansion et leur amélioration. Des transferts transfrontaliers plus rapides facilitent également la participation des petites entreprises au commerce international, ce qui élargit leur base de consommateurs et crée davantage de perspectives de croissance.

Les envois de fonds, ou le fait de transférer de l'argent à des personnes ou à des familles dans d'autres pays, sont essentiels à la capacité de millions de personnes de maintenir leur vie quotidienne. L'impact de ces transferts est atténué par les coûts élevés et les délais de traitement prolongés associés aux systèmes de transfert de fonds traditionnels. Bitcoin offre une réponse révolutionnaire en rendant possible les paiements transfrontaliers presque instantanément et à moindre coût. Les gens peuvent envoyer et recevoir de l'argent au-delà des frontières rapidement et à moindre coût grâce au Bitcoin, ce qui renforce l'efficacité et l'accessibilité des services de transfert de fonds. En conséquence, les habitants des zones mal desservies peuvent jouer un rôle plus actif dans l'économie mondiale et acquérir davantage de contrôle sur leur vie financière, ce qui a des implications importantes pour l'inclusion financière.

La demande de solutions de paiement efficaces et abordables s'est accrue avec la croissance du commerce électronique et du commerce mondial. Bitcoin est une option souhaitable pour le commerce électronique international en raison de ses frais de transaction moins élevés et de ses paiements transfrontaliers plus rapides. Les clients du monde entier peuvent payer des biens et des services avec Bitcoin, évitant ainsi aux entreprises les tracas et les coûts élevés des méthodes de paiement conventionnelles. De plus, Bitcoin permet aux entreprises d'effectuer des transactions transfrontalières plus rapidement, réduisant ainsi le temps et les dépenses associés aux affaires à l'étranger. Cela permet aux entreprises de rationaliser facilement leurs processus, d'augmenter leurs flux de trésorerie et de pénétrer facilement de nouveaux marchés.

Bien que l'utilisation du Bitcoin présente de nombreux avantages, tels que des coûts de transaction inférieurs et des paiements transfrontaliers plus rapides, avant de pouvoir être largement acceptée, un certain nombre de préoccupations doivent également être résolues.

L'évolutivité est désormais un enjeu majeur pour Bitcoin à mesure que sa popularité augmente. La capacité de l'infrastructure actuelle du réseau Bitcoin à traiter les transactions est limitée, ce qui entraîne une congestion et une augmentation des frais de transaction lorsque la demande est élevée. Les problèmes d'évolutivité sont résolus par l'introduction de technologies de couche deux comme le Lightning Network, qui vise à augmenter la capacité transactionnelle du réseau. Pour garantir que Bitcoin puisse gérer des volumes de transactions plus importants tout en conservant son efficacité et sa rentabilité, les problèmes d'évolutivité doivent être résolus.

L'environnement réglementaire relatif au Bitcoin est en constante évolution. Pour créer des cadres qui établissent un équilibre entre l'innovation, la protection des consommateurs et la stabilité financière, les gouvernements et les agences de réglementation travaillent. Les utilisateurs peuvent se sentir en sécurité et contribuer à propager l'adoption du Bitcoin grâce à des réglementations claires et bien définies. Pour conserver les avantages de frais de transaction moins élevés et de transferts transfrontaliers plus rapides tout en répondant aux préoccupations concernant le blanchiment d'argent, le financement du terrorisme et la protection des consommateurs, il faudra trouver un équilibre approprié entre réglementation et innovation.

Afin de récolter pleinement les fruits du Bitcoin, des efforts doivent être déployés pour améliorer l'expérience utilisateur ainsi que l'éducation et la sensibilisation. Pour que les particuliers et les entreprises adoptent Bitcoin plus facilement, des interfaces conviviales, une maintenance plus facile du portefeuille et des procédures de transaction simples sont nécessaires. De plus, enseigner aux utilisateurs les avantages et les inconvénients du Bitcoin ainsi que leur offrir des conseils sur les meilleures pratiques de sécurité les aiderait à développer leur confiance dans le système.

Confidentialité et sécurité améliorées

La confidentialité et la sécurité sont des facteurs importants dans les transactions financières dans le monde numérique actuel. Les individus sont vulnérables aux violations de données et au vol d'identité, car les systèmes financiers traditionnels nécessitent fréquemment l'échange d'informations personnelles et s'appuient sur des intermédiaires pour permettre les transactions. Les principaux avantages du Bitcoin, la première monnaie numérique décentralisée, sont une sécurité et une confidentialité accrues. Cette section examinera comment la structure décentralisée de Bitcoin et ses technologies de cryptage offrent aux utilisateurs plus de contrôle sur leurs transactions financières tout en protégeant leur vie privée. Les individus pourront profiter des avantages de ce système financier innovant et porter des jugements éclairés s'ils sont conscients des avantages d'une plus grande confidentialité et d'une plus grande sécurité dans Bitcoin.

Les individus doivent fournir des informations personnelles lorsqu'ils ouvrent un compte, demandent une carte de crédit et effectuent d'autres transactions financières dans le cadre des systèmes bancaires traditionnels. Le risque d'usurpation d'identité, de surveillance et d'utilisation abusive d'informations est accru par cette exposition d'informations privées. De plus, les gouvernements et les institutions financières ont accès à l'historique des transactions des personnes, ce qui soulève des questions sur la confidentialité et le potentiel de violations de données.

Les gouvernements et les institutions financières surveillent et supervisent les systèmes financiers traditionnels. Les réglementations relatives à la connaissance de votre client (KYC) et à la lutte contre le blanchiment d'argent (AML) sont fréquemment vérifiées sur les transactions. Ces mesures compromettent la vie privée des individus et soumettent les personnes à une surveillance continue tout en tentant également d'assurer la sécurité et de prévenir les activités criminelles.

Grâce au pseudonyme, les transactions Bitcoin offrent un certain niveau de confidentialité. L'identité des utilisateurs est protégée par des méthodes cryptographiques même si les transactions sont enregistrées sur la blockchain, un grand livre public. Les transactions Bitcoin sont liées à des adresses distinctes, appelées clés publiques, plutôt que de fournir des informations personnelles et s'identifient pas spécifiquement les parties impliquées. En raison de la nature pseudonyme du service, l'identité des utilisateurs est cachée aux regards indiscrets.

La réutilisation des adresses a un impact sur les fonctionnalités de confidentialité de Bitcoin. La réutilisation de la même adresse Bitcoin pour plusieurs transactions permet de lier plus simplement ces transactions à une identité particulière. Cependant, en utilisant des adresses uniques pour chaque transaction et en gérant correctement leurs adresses, les utilisateurs de Bitcoin peuvent améliorer leur confidentialité en rendant plus difficile la liaison de transactions spécifiques à des individus spécifiques. Les individus peuvent réduire les risques liés à la confidentialité liés à la réutilisation en mettant en œuvre des pratiques de confidentialité appropriées.

La confidentialité des transactions Bitcoin est encore renforcée par des méthodes améliorant la confidentialité telles que le mélange de pièces et ConJoint. Le mélange de pièces est le processus de fusion de différentes transactions pour dissimuler la source et la destination finale de l'argent. Cela rend difficile le suivi du mouvement du Bitcoin et son lien avec des personnes particulières. D'un autre côté, ConJoint permet aux utilisateurs de combiner leurs transactions en une seule transaction, mélangeant ainsi efficacement les entrées et les sorties et rendant plus difficile la connexion de certaines transactions à des utilisateurs particuliers. Ces méthodes confèrent aux transactions Bitcoin un degré supplémentaire de confidentialité, améliorant ainsi la sécurité des utilisateurs.

La sécurité du Bitcoin repose sur des méthodes cryptographiques solides. L'intégrité et l'authenticité des transactions sont protégées par des méthodes cryptographiques sur le réseau Bitcoin. Une méthode sûre de confirmation des informations de transaction et de prévention de la falsification est rendue possible grâce à l'utilisation de fonctions de hachage cryptographique et de signatures numériques. Bitcoin est extrêmement résistant à la fraude et au piratage grâce à ces mécanismes de sécurité cryptographiques, qui protègent également les fonds des utilisateurs et les informations sur les transactions.

La nature décentralisée du Bitcoin confère au réseau une couche de protection supplémentaire. Un réseau de nœuds décentralisés est chargé de maintenir la blockchain, un grand livre public distribué où les transactions sont vérifiées et enregistrées. En raison de cette décentralisation, les acteurs malveillants ont beaucoup de mal à manipuler ou à modifier les données transactionnelles. La preuve de travail, une technique consensuelle qui nécessite des ressources informatiques et renforce les défenses du réseau, est utilisée pour ajouter un nouveau bloc à la blockchain.

Le mécanisme de sécurité du Bitcoin offre une protection contre les doubles dépenses, une technique frauduleuse dans laquelle le même Bitcoin est utilisé plus d'une fois. Le réseau Bitcoin valide et confirme chaque transaction grâce à l'utilisation de méthodes cryptographiques et du mécanisme de consensus, interdisant la double dépense de pièces. Les gens peuvent avoir confiance dans le réseau Bitcoin et savoir que leurs transactions sont sûres et complètes grâce à cette fonction de sécurité.

Les gens sont protégés de la fraude financière et du vol d'identité grâce à la plus grande confidentialité et sécurité du Bitcoin. Les transactions Bitcoin réduisent le risque d'usurpation d'identité en éliminant l'obligation de fournir des informations personnelles et en limitant l'exposition des données sensibles. Les mécanismes de sécurité cryptographique garantissent en outre l'intégrité et la validité des transactions, empêchant ainsi la fraude et les accès indésirables. Les gens peuvent se sentir en sécurité lorsqu'ils effectuent des transactions financières en ligne grâce à cette sécurité.

La confidentialité et la sécurité améliorées de Bitcoin offrent aux utilisateurs plus d'autonomie financière et de contrôle sur leurs actifs. Avec Bitcoin, les utilisateurs ont un contrôle total sur leurs clés privées, leur permettant de gérer leur argent indépendamment des intermédiaires. Grâce à cette propriété et à ce contrôle, les individus sont protégés des limitations arbitraires de leurs actions financières, et ils ont la liberté de prendre leurs propres décisions financières. En garantissant qu'aucune autorité ne peut censurer ou manipuler les transactions, la structure décentralisée de Bitcoin donne en outre aux utilisateurs un sentiment d'autonomisation et de contrôle sur leur vie financière.

Un droit fondamental qui prend de plus en plus d'importance à l'ère numérique est la vie privée. En ce qui concerne la confidentialité et l'autonomie individuelle, les fonctionnalités de confidentialité de Bitcoin permettent aux utilisateurs de garder le contrôle de leurs transactions financières et de leurs informations personnelles. Les individus peuvent exercer leur droit à la vie privée et protéger leurs informations financières sensibles contre tout accès non autorisé en profitant des fonctionnalités améliorant la confidentialité de Bitcoin.

Bien que Bitcoin offre une confidentialité et une sécurité améliorées, un certain nombre de problèmes et de facteurs doivent être pris en compte s'il doit être adopté et utilisé largement.

Les réglementations telles que celles régissant l'AML et le KYC doivent être conciliées avec les considérations de confidentialité. Pour que le Bitcoin soit accepté et adopté largement, il faut trouver un équilibre approprié entre conformité et confidentialité. Afin de résoudre les problèmes de confidentialité et de maintenir la sécurité et l'intégrité du système financier, les gouvernements et les autorités de régulation tentent de mettre en place des cadres.

Les utilisateurs doivent être informés et informés afin de bénéficier pleinement de la confidentialité et de la sécurité améliorées de Bitcoin. Les gens doivent être informés des fonctionnalités de confidentialité de Bitcoin et recevoir des conseils sur les meilleurs moyens de protéger leur vie privée. En améliorant l'éducation et la sensibilisation des utilisateurs, ceux-ci seront mieux équipés pour protéger leur vie privée et choisir judicieusement lors de leurs transactions avec Bitcoin.

Au sein de l'écosystème Bitcoin, des solutions améliorant la confidentialité sont constamment développées. Les transactions confidentielles et les preuves sans connaissance sont deux innovations qui tentent d'augmenter l'anonymat et la confidentialité en masquant les quantités de transactions. Le développement des fonctionnalités de confidentialité de Bitcoin sera facilité par la recherche et le développement continu de technologies améliorant la confidentialité, qui garantiront également sa pertinence durable dans un environnement numérique en évolution rapide.

Opportunités d'inclusion financière

L'expansion économique et la réduction de la pauvreté dépendent essentiellement de l'inclusion financière, ou de l'accessibilité et de la disponibilité des services financiers pour tous. Malheureusement, les institutions financières traditionnelles ont restreint l'accès aux services financiers essentiels pour une partie importante de la population mondiale, les empêchant ainsi de participer pleinement à l'économie. En donnant aux utilisateurs accès à un réseau financier sûr et fiable, Bitcoin, première monnaie numérique décentralisée, favorise l'inclusion financière. Les avantages du Bitcoin pour accroître l'inclusion financière seront abordés dans cette section. Qu'il s'agisse de transactions transfrontalières, de services bancaires, de microfinance ou d'autonomisation économique, Bitcoin a le pouvoir de modifier complètement la façon dont les gens interagissent avec le système financier mondial.

Les individus et les groupes non ou sous-bancarisés constituent une partie importante de la population mondiale qui n'a pas accès aux services financiers formels. Les opportunités de développement économique et de stabilité monétaire de ces personnes sont limitées par le fait qu'elles ne sont pas éligibles aux services bancaires de base, aux options de crédit et aux comptes d'épargne. Les restrictions géographiques, le manque de paperasse et les frais élevés font partie des facteurs qui conduisent à leur exclusion du système financier formel.

Bien qu'elles servent efficacement un grand nombre de personnes, les limites des institutions bancaires traditionnelles empêchent l'inclusion financière. Il est difficile pour les institutions financières traditionnelles d'offrir leurs services aux populations marginalisées en raison de la nécessité d'infrastructures physiques importantes, de dépenses opérationnelles coûteuses et de cadres réglementaires complexes. De plus, ceux qui disposent de ressources financières minimes ne peuvent pas se permettre les dépenses coûteuses liées aux services bancaires traditionnels.

La population non bancarisée et sous-bancarisée peut accéder aux services financiers en utilisant Bitcoin. Les gens peuvent créer un portefeuille Bitcoin et rejoindre le réseau financier mondial avec simplement un smartphone et une connexion Internet. Étant donné que Bitcoin ne nécessite pas d'infrastructure physique et entraîne des dépenses opérationnelles moindres, il est plus facilement accessible aux personnes vivant dans des endroits éloignés ou disposant d'une infrastructure financière inadéquate. Grâce à cette accessibilité, les gens peuvent effectuer des transactions, épargner et détenir de l'argent en toute sécurité sans recourir aux systèmes bancaires conventionnels.

Les envois de fonds, ou le fait de transférer de l'argent à des personnes ou à des familles dans d'autres pays, sont essentiels pour permettre à des millions de personnes de subvenir à leurs besoins. L'impact de ces transferts est atténué par le fait que les méthodes de transfert de fonds conventionnelles facturent souvent des frais élevés et prennent beaucoup de temps pour effectuer les paiements. Bitcoin offre une alternative plus efficace et plus abordable pour les envois de fonds et le commerce transfrontalier. En raison de sa nature sans frontières et de ses frais de transaction peu élevés, Bitcoin est particulièrement avantageux pour les transactions transfrontalières, permettant aux utilisateurs d'envoyer et de recevoir de l'argent plus rapidement et à moindre coût.

Les gens ont accès à des moyens rapides et sûrs d'échanger de l'argent grâce aux portefeuilles numériques et aux options de paiement mobile utilisant Bitcoin. Grâce à l'utilisation du Bitcoin, les gens peuvent gérer et économiser leur argent directement sur leur smartphone, éliminant ainsi la nécessité d'un compte bancaire conventionnel. Grâce à cette flexibilité, les gens peuvent effectuer des transactions en ligne, effectuer des paiements et accéder aux services financiers directement depuis leurs appareils mobiles, augmentant ainsi leur inclusion financière et ouvrant de nouvelles opportunités.

La microfinance est la transmission de services financiers aux personnes ou aux propriétaires d'entreprises à faible revenu, elle est essentielle pour réduire la pauvreté et promouvoir l'autonomisation économique. En offrant un moyen rapide et pratique de prêter et d'emprunter de l'argent, Bitcoin soutient la microfinance. Les gens peuvent recevoir des microcrédits via des réseaux de prêt décentralisés sans fournir de garantie ou de documents importants. Les petites entreprises et les entrepreneurs ont désormais davantage de possibilités d'accéder au financement, de développer leurs activités et d'améliorer leur niveau de vie.

Bitcoin a rendu le financement participatif et l'investissement plus accessibles en permettant des transactions peer-to-peer qui ne nécessitent pas d'intermédiaires. En contournant les contrôleurs financiers conventionnels, n'importe qui peut collecter des fonds pour ses projets ou les causes qui lui tiennent à cœur via des sites de financement participatif alimentés par Bitcoin. De plus, les consommateurs ont désormais accès à des opportunités d'investissement qui n'étaient auparavant disponibles que pour les investisseurs institutionnels en raison de la capacité de Bitcoin à investir dans des actifs numériques et à participer aux offres initiales de pièces (ICO). Ces possibilités encouragent l'autonomisation économique et démocratisent l'accès au capital.

L'inclusion financière doit prendre en compte la confidentialité, qui permet aux personnes de mener des activités financières sans craindre d'être traitées injustement ou de voir leurs informations personnelles révélées. Les caractéristiques de confidentialité de Bitcoin, telles que le pseudonyme et le cryptage, offrent aux utilisateurs un certain anonymat et protègent leurs activités financières. Bitcoin permet aux personnes qui ne disposent peut-être pas des pièces d'identité ou des antécédents de crédit requis d'accéder aux services bancaires traditionnels en supprimant l'exigence de documents substantiels et d'informations personnelles. En garantissant que les groupes défavorisés sont inclus et ont la possibilité de participer pleinement à l'écosystème financier, cette meilleure confidentialité garantit leur inclusion.

Le Bitcoin offre des perspectives d'inclusion financière, mais avant de pouvoir être largement utilisé et avoir un impact, un certain nombre de problèmes doivent être résolus.

Les individus doivent avoir accès aux technologies requises pour profiter pleinement des avantages du potentiel d'inclusion financière du Bitcoin. La fracture numérique entre ceux qui ont accès aux technologies numériques et ceux qui n'y ont pas accès constitue un obstacle à une inclusion financière généralisée. Grâce à des programmes qui encouragent l'alphabétisation numérique, offrent un accès aux services Internet à un prix raisonnable et garantissent la disponibilité d'appareils adaptés aux personnes vivant dans les zones mal desservies, des efforts devraient être déployés pour combler cet écart.

Les gouvernements et les organismes de réglementation s'efforcent toujours de trouver une harmonie entre l'innovation et la protection des consommateurs, car l'environnement réglementaire entourant Bitcoin évolue constamment. Des règles et réglementations claires peuvent donner aux gens un sentiment de sécurité et aider Bitcoin à être plus largement accepté dans le système financier traditionnel. Les réglementations doivent être établies de manière à promouvoir l'innovation tout en préservant les droits des consommateurs et en garantissant la stabilité économique.

Les avantages du Bitcoin pour l'inclusion financière doivent être maximisés, ce qui nécessite une éducation et des connaissances financières. Les gens doivent être informés sur le Bitcoin, ses avantages et ses inconvénients. La culture financière doit être encouragée, ainsi que la compréhension de la valeur des mesures de sécurité et des instructions sur la manière de gérer en toute sécurité les portefeuilles numériques. Les gens peuvent prendre des décisions judicieuses et exploiter pleinement le potentiel présenté par Bitcoin pour l'inclusion financière en améliorant leurs connaissances et leur éducation financières.

Potentiel de croissance économique et d'innovation

La première monnaie numérique décentralisée, Bitcoin, a non seulement bouleversé les structures financières établies, mais recèle également un grand potentiel pour le développement économique et l'innovation future. En tant que monnaie numérique sans autorisation et sans frontières, Bitcoin offre des avantages particuliers qui peuvent promouvoir l'entrepreneuriat, l'innovation et la croissance économique. Dans cette section, nous examinerons les avantages du Bitcoin en termes de potentiel à encourager l'innovation et le progrès économique. Grâce à sa capacité à changer les secteurs et à ouvrir de nouvelles opportunités de développement économique, Bitcoin a le potentiel de tout transformer, de l'inclusion et de l'accessibilité financières aux applications décentralisées et aux nouveaux modèles commerciaux.

L'accès aux services financiers est l'un des principaux facteurs influençant la croissance économique. Non bancarisée ou sous-bancarisée, une partie importante de la population mondiale n'a toujours pas accès aux ressources financières fondamentales. En offrant un moyen d'inclusion financière, Bitcoin a la capacité de combler cet écart. Sans dépendre des institutions bancaires conventionnelles, les gens peuvent utiliser Bitcoin pour créer un portefeuille numérique et accéder à des services financiers, notamment des paiements, des épargnes et des prêts. Les individus peuvent s'engager dans l'économie, faire des affaires à l'échelle internationale et établir une stabilité financière grâce à cette autonomisation.

Bitcoin est la meilleure option pour les transactions et les envois de fonds transfrontaliers en raison de sa structure décentralisée et de ses frais de transaction minimes. Des frais élevés et des délais de traitement prolongés sont courants lors de l'utilisation de méthodes traditionnelles pour envoyer de l'argent au-delà des frontières internationales. Les transferts transfrontaliers peuvent être effectués presque instantanément et à moindre coût grâce au réseau peer-to-peer décentralisé de Bitcoin, qui augmente l'efficacité et réduit les coûts. Bitcoin encourage la croissance économique et le commerce transfrontalier en permettant aux entreprises d'élargir leurs marchés et aux particuliers de subvenir aux besoins de leurs familles à l'étranger.

La microfinance et l'entrepreneuriat offrent plus d'options en raison de l'accessibilité et de la décentralisation du Bitcoin. Les gens peuvent accéder aux micro crédits via des plateformes de microfinance alimentées par Bitcoin sans avoir besoin de garanties ou de documents détaillés, ce qui leur donne la liberté de lancer une entreprise, de financer des études ou d'améliorer leur vie. De plus, les faibles frais de transaction de Bitcoin et sa capacité à éliminer les intermédiaires permettent aux propriétaires d'entreprise de traiter directement avec les clients, éliminant ainsi les coûts et les obstacles supplémentaires. En encourageant les efforts entrepreneuriaux et en stimulant les économies régionales, cela favorise l'innovation et la croissance économique.

La technologie Blockchain, un registre distribué qui suit et valide les transactions, est au cœur du Bitcoin. Le caractère décentralisé et transparent de la blockchain a des implications significatives pour l'innovation dans de nombreux secteurs. La technologie Blockchain peut également être utilisée pour la gestion de la chaîne d'approvisionnement, les données de santé, la vérification d'identité et bien d'autres choses en plus des applications financières. Les solutions basées sur la blockchain favorisent la créativité, l'efficacité et la confiance dans les relations économiques en éliminant les intermédiaires, en rationalisant les procédures et en améliorant la sécurité.

Des applications décentralisées (DApps) et des contrats intelligents peuvent tous deux être créés sur la blockchain de Bitcoin. Les contrats intelligents sont des accords qui exécutent automatiquement leurs dispositions après avoir été saisis dans un code informatique. Ils permettent des transactions automatiques et fiables, supprimant le besoin d'intermédiaires et réduisant les dépenses. La finance décentralisée (DéFi), les échanges décentralisés et les plateformes de financement participatif ne sont que quelques-unes des possibilités offertes par les DApp basées sur la blockchain Bitcoin. En promouvant l'inclusion financière, l'ouverture et l'accessibilité, ces technologies créent de nouvelles opportunités pour l'entrepreneuriat et le progrès économique.

La technologie Blockchain pour Bitcoin permet de tokenizer des actifs physiques tels que des biens immobiliers, des œuvres d'art et la propriété intellectuelle. La propriété et le transfert de ces actifs sont rendus plus rationalisés et accessibles en les exposant sous forme de jetons numériques sur la blockchain. La tokenisation augmente la liquidité et rend possible la propriété fractionnée, permettant aux investisseurs d'acheter des actifs auparavant non négociables. En libérant la valeur d'actifs auparavant inaccessibles, cela a la capacité de démocratiser les options d'investissement, d'encourager les flux de capitaux et de favoriser la croissance économique.

La structure peer-to-peer de Bitcoin perturbe les modèles commerciaux conventionnels qui dépendent des intermédiaires, réduisant ainsi les coûts et les inefficacités. Bitcoin permet des transactions directes entre les parties, réduisant ainsi les frais de transaction et les coûts administratifs en supprimant les intermédiaires. La désintermédiation a des effets significatifs sur divers secteurs, notamment le secteur bancaire, les envois de fonds et les prêts entre particuliers. Les entreprises qui acceptent Bitcoin peuvent améliorer leurs marges bénéficiaires, rationaliser leurs opérations et répercuter les économies de coûts sur les clients, ce qui favorise la croissance économique et le plaisir des clients.

La technologie sous-jacente du Bitcoin a donné naissance à l'idée d'une économie symbolique, dans laquelle des jetons électroniques sont utilisés pour échanger de la valeur au sein d'un réseau ou d'un écosystème. Les jetons peuvent récompenser les contributions, promouvoir les liens économiques et encourager les comportements souhaités. Grâce à la participation à des réseaux décentralisés, à la fourniture de ressources informatiques ou à la prestation de services, n'importe qui peut désormais participer à de nouveaux modèles économiques et gagner des jetons. En assortissant les incitations et en encourageant l'engagement des groupes dans la création de réseaux, l'économie symbolique favorise la créativité, la collaboration et le progrès économique.

En donnant aux utilisateurs une indépendance économique et un contrôle sur leurs ressources financières, Bitcoin donne du pouvoir aux gens. Avec Bitcoin, les utilisateurs contrôlent les clés privées de leur portefeuille, ce qui leur permet de transmettre, recevoir et économiser de l'argent sans dépendre d'intermédiaires. La possibilité de restrictions gouvernementales arbitraires, l'instabilité économique et l'autodétermination économique sont toutes diminuées par cette autonomie financière. Bitcoin libère le potentiel économique, favorise la création de richesse et alimente la croissance économique en donnant aux gens plus de contrôle sur leurs finances.

Les cadres réglementaires doivent trouver un équilibre entre l'innovation et la protection des consommateurs à mesure que le Bitcoin et les autres crypto-monnaies continuent de gagner en popularité. Des réglementations précises et bien définies peuvent générer la confiance tant chez les entreprises que chez les individus et encourager une plus grande mise en œuvre. La protection des investisseurs, l'arrêt des activités illégales et l'établissement d'une atmosphère propice à l'innovation et à l'expansion économique devraient tous être les principaux objectifs des cadres réglementaires.

Pour Bitcoin, l'évolutivité et l'efficacité énergétique restent des obstacles. Des problèmes d'évolutivité du réseau Bitcoin surviennent lorsque le nombre d'utilisateurs et les volumes de transactions augmentent. Le réseau Lightning est une solution de couche deux utilisée pour résoudre ces problèmes, car il vise à améliorer la capacité transactionnelle tout en diminuant les prix. Des préoccupations concernant l'impact environnemental du minage de Bitcoin ont également été soulignées en raison de sa consommation d'énergie. Pour qu'un réseau Bitcoin soit viable et évolutif, de nouveaux algorithmes de consensus et des techniques de minage économes en énergie sont essentiels.

Afin de réaliser pleinement le potentiel d'innovation et de progrès économique du Bitcoin, l'éducation et la sensibilisation sont essentielles. L'accès à des informations précises et complètes sur les avantages, les risques et les applications potentielles du Bitcoin est nécessaire pour les particuliers, les entreprises et les politiciens. À mesure que le monde des crypto-monnaies évolue, il est important de travailler à faire progresser la culture numérique, à accroître la sensibilisation à la technologie blockchain et à offrir des outils aux consommateurs et aux entreprises.

Chapitre III : La perturbation des systèmes financiers traditionnels par Bitcoin

Les défis posés aux systèmes bancaires traditionnels

La première monnaie numérique décentralisée, Bitcoin, est devenue une force disruptive dans le monde de la finance. Bitcoin présente des défis importants pour le secteur bancaire établi en tant qu'alternative viable aux institutions bancaires conventionnelles. Sa structure décentralisée, ses transactions transfrontalières et sa technologie innovante présentent aux institutions financières établies des opportunités et des défis. Les problèmes que Bitcoin présente aux systèmes financiers conventionnels seront abordés dans cette section. La manière dont nous percevons et interagissons avec le secteur bancaire traditionnel évolue en raison du Bitcoin, de la désintermédiation et de l'inclusion financière aux questions réglementaires et aux développements technologiques.

Le potentiel de désintermédiation est l'un des principaux défis que Bitcoin présente aux institutions financières conventionnelles. Les transactions directes peer-to-peer utilisant Bitcoin sont possibles sans l'intervention d'intermédiaires tels que les banques, les processeurs de paiement et les chambres de compensation. Cette désintermédiation fait baisser les prix et abaisse les barrières à l'entrée, permettant aux personnes et aux entreprises d'interagir directement et d'éviter les canaux financiers conventionnels. Par conséquent, les gardiens centraux des transactions financières, les banques traditionnelles, courent le risque de perdre leur position.

Les frais de transaction constituent une source de revenus majeure pour les banques conventionnelles. Les banques subissent une pression croissante pour réduire leurs propres frais afin de rester compétitives en raison de la diminution des frais de transaction du Bitcoin. Les banques traditionnelles sont contraintes de modifier leurs modèles économiques afin de survivre dans un environnement financier plus rentable en raison de cette baisse des frais de transaction, qui menace leurs sources de revenus.

En permettant aux gens d'accéder à des services financiers fondamentaux sans avoir besoin de comptes bancaires conventionnels, la structure décentralisée de Bitcoin favorise l'inclusion financière. Les systèmes bancaires traditionnels, qui reposent historiquement sur des succursales physiques et des exigences de documentation étendues, sont mis à l'épreuve. Ceux qui sont mal desservis ou exclus du système bancaire traditionnel disposent d'une alternative sous la forme du Bitcoin, qui leur permet de s'engager dans l'économie mondiale, d'utiliser les services bancaires et d'établir une stabilité financière.

Les transactions et envois de fonds transfrontaliers sont souvent soumis à des coûts et à des retards importants dans les systèmes bancaires traditionnels. Pour les personnes et les entreprises menant des activités internationales, la nature illimitée du Bitcoin et ses faibles frais de transaction constituent une alternative intéressante. Bitcoin brise le monopole des banques traditionnelles sur la facilitation des transactions financières transfrontalières en permettant des paiements transfrontaliers presque immédiats et abordables.

Les régulateurs qui tentent d'établir une surveillance et de faire respecter la conformité sont confrontés à des difficultés en raison de la nature décentralisée et internationale du Bitcoin. Pour mettre fin au blanchiment d'argent, au financement du terrorisme et à d'autres activités illégales, les systèmes bancaires traditionnels sont soumis à un certain nombre de règles strictes. Cependant, les décideurs politiques qui tentent de mettre en place des cadres réglementaires conventionnels seront confrontés à des difficultés en raison des caractéristiques décentralisées et pseudonymes du Bitcoin. Les régulateurs sont confrontés à une tâche difficile en ce qui concerne le Bitcoin : trouver un équilibre entre la protection des consommateurs, la stabilité financière et l'innovation technologique.

Les systèmes bancaires traditionnels sont construits sur la lutte contre le blanchiment d'argent (AML) et connaissent les exigences de vos clients (KYC). En raison de ces restrictions, les banques doivent collecter et valider les données des clients afin de mettre fin aux activités illégales et de s'assurer que les obligations réglementaires sont respectées. Les procédures KYC et AML efficaces se heurtent à des obstacles en raison de la nature décentralisée et pseudonyme de Bitcoin. La méthode bancaire traditionnelle d'identification et de suivi des clients est mise à l'épreuve par la possibilité d'effectuer des transactions sans divulguer d'informations personnelles. La blockchain, la technologie qui sous-tend le Bitcoin, a le potentiel de perturber les systèmes bancaires conventionnels en raison de sa nature décentralisée et immuable. En rendant les transactions financières transparentes et sécurisées, la blockchain contribue à réduire le recours aux bases de données centralisées et aux intermédiaires. Des solutions innovantes sont désormais possibles grâce à cette technologie, notamment les actifs tokenisés, les contrats intelligents et la finance décentralisée (DéFi). L'adoption de la technologie blockchain met les systèmes bancaires existants sous pression pour qu'ils restent compétitifs dans un environnement financier en constante évolution.

La popularité du Bitcoin a stimulé l'utilisation des portefeuilles numériques et des programmes bancaires mobiles. En utilisant ces solutions, les utilisateurs peuvent enregistrer, transmettre et recevoir des Bitcoins directement depuis leurs appareils mobiles, supprimant ainsi l'obligation de disposer de comptes bancaires conventionnels. Les banques traditionnelles sont confrontées à la difficulté de proposer des expériences numériques attrayantes et de préserver la fidélité de leurs clients face à l'essor des solutions fintech alors que les gens utilisent les portefeuilles numériques et les services bancaires mobiles.

Les systèmes bancaires traditionnels peuvent examiner les perspectives de coopération avec Bitcoin et l'écosystème plus large des crypto-monnaies plutôt que de le considérer comme une menace directe. Les collaborations peuvent prendre de nombreuses formes différentes, depuis les coentreprises avec des sociétés de technologie financière et des startups blockchain jusqu'aux enquêtes sur l'adoption de la technologie blockchain dans les systèmes financiers établis. Grâce à de tels partenariats, les banques conventionnelles peuvent bénéficier de la technologie

Bitcoin
et blockchain tout en conservant leur expérience en matière de conformité juridique, de relations clients et de stabilité financière.

Des cadres et des règles réglementaires doivent être mis en œuvre pour garantir la protection des consommateurs, la stabilité financière et l'innovation afin de surmonter les problèmes provoqués par Bitcoin. Des règles du jeu équitables pour les banques conventionnelles, les entreprises Bitcoin et les autres participants à l'écosystème des crypto-monnaies peuvent être créées par des règles claires et bien définies. Pour trouver le bon équilibre entre innovation et conformité réglementaire, la coopération entre les régulateurs, les banques conventionnelles et les acteurs des cryptomonnaies est essentielle.

Impact sur les intermédiaires et les intermédiaires

La première monnaie numérique décentralisée au monde, Bitcoin, a complètement changé le paysage financier en permettant des transactions directes peer-to-peer sans recours à des intermédiaires. Afin de permettre les transactions, les systèmes financiers traditionnels s'appuient fortement sur des intermédiaires tels que les banques, les processeurs de paiement et les chambres de compensation. Une alternative plus efficace et plus directe est fournie par la structure décentralisée de Bitcoin, qui remet en question la fonction des intermédiaires. Cette section examinera comment le Bitcoin affecte les intermédiaires et les intermédiaires. Bitcoin modifie le secteur financier et redéfinit la manière dont nous effectuons des transactions, de la désintermédiation et de la baisse des prix à une meilleure efficacité et confiance.

En raison de sa structure décentralisée, Bitcoin permet des transactions directes entre utilisateurs sans recourir à des intermédiaires. Les systèmes financiers traditionnels ont souvent besoin de tiers de confiance pour permettre et authentifier les transactions, ce qui augmente la complexité et les coûts. Les gens peuvent envoyer et recevoir de l'argent directement en utilisant Bitcoin, éliminant ainsi le besoin d'intermédiaires et réduisant les frictions transactionnelles. Grâce à la désintermédiation, l'écosystème financier devient plus efficace, les dépenses sont réduites et les barrières inutiles sont éliminées.

Les bourses et les marchés décentralisés, qui fonctionnent sans intermédiaires centralisés, se sont développés grâce au Bitcoin. Ces plateformes permettent aux utilisateurs d'effectuer des transactions sur des actifs numériques directement entre eux plutôt que par l'intermédiaire d'échanges conventionnels, qui s'appuient sur des intermédiaires pour mettre en relation acheteurs et vendeurs. Les bourses décentralisées créent un environnement commercial plus efficace et plus ouvert en supprimant les intermédiaires, ce qui augmente également la liquidité, réduit les coûts de négociation et favorise la transparence.

En permettant des plateformes de prêt direct entre particuliers et de financement participatif, Bitcoin a également perturbé les secteurs des prêts et du financement participatif. Sans recourir à des intermédiaires financiers conventionnels, ces plateformes mettent en relation prêteurs et emprunteurs. Bitcoin permet des prêts sans confiance et du financement participatif à l'aide de contrats intelligents et d'applications décentralisées, en supprimant les intermédiaires et en réduisant les coûts liés aux campagnes de montage de prêts et de financement participatif.

Des frais sont souvent attachés aux transactions financières conventionnelles par des intermédiaires tels que les banques et les processeurs de paiement. En particulier pour les paiements et envois de fonds transfrontaliers, ces frais peuvent avoir un impact considérable sur les coûts de transaction. Par rapport aux systèmes de paiement conventionnels, les frais de transaction pour Bitcoin sont inférieurs en raison de sa structure décentralisée. Les gens peuvent économiser de l'argent sur le traitement, la conversion des devises et d'autres coûts administratifs en supprimant les inter médiaires.

Bitcoin est un choix populaire pour les paiements et les envois de fonds internationaux en raison de sa structure décentralisée et de ses faibles frais de transaction. Des frais élevés et des délais de traitement longs sont courants lors de l'utilisation de méthodes traditionnelles pour envoyer de l'argent au-delà des frontières internationales. Le réseau décentralisé de Bitcoin permet des transferts transfrontaliers presque immédiats et abordables, réduisant ainsi les coûts des intermédiaires et aidant les personnes et les entreprises à mener des affaires internationales.

Les transactions pourraient être réglées instantanément avec Bitcoin, éliminant ainsi les retards présents dans les systèmes bancaires conventionnels. Les longues durées de règlement sont un effet courant des nombreux intermédiaires nécessaires aux transactions financières traditionnelles. Avec Bitcoin, les transactions peuvent être finalisées en quelques minutes, améliorant à la fois l'efficacité et la liquidité des particuliers et des entreprises.

Bitcoin a la capacité de rendre l'argent plus accessible à ceux qui sont sous-bancarisés et non bancarisés. Les systèmes bancaires traditionnels incluent souvent des critères stricts, notamment des documents d'identification, des antécédents de crédit et des infrastructures. De nombreuses personnes ne peuvent pas bénéficier des services bancaires de base en raison de ces difficultés. Le Bitcoin étant décentralisé, n'importe qui peut créer un portefeuille numérique et accéder aux services financiers, offrant ainsi une option à ceux qui n'ont pas accès aux systèmes bancaires traditionnels.

Les transactions sont possibles sans tenir compte de l'emplacement grâce au réseau décentralisé de Bitcoin. En termes d'offre de services financiers aux clients situés dans des régions éloignées ou dans des pays dotés d'une infrastructure bancaire inadéquate, les institutions financières traditionnelles échouent souvent. Ces restrictions sont surmontées par Bitcoin, qui permet aux gens d'effectuer des transactions internationales sans être limités par les systèmes financiers conventionnels. Cette accessibilité améliorée encourage l'inclusion financière mondiale et crée de nouvelles perspectives économiques.

Les transactions financières sont transparentes et immuables grâce à la technologie blockchain de Bitcoin. N'importe qui peut accéder à la blockchain, un registre public qui assure le suivi de toutes les transactions Bitcoin. Le besoin de recourir à des intermédiaires pour vérifier les transactions est diminué par cette transparence, qui favorise également la confiance. Les participants peuvent confirmer indépendamment les détails de la transaction, garantissant ainsi l'intégrité du système sans avoir recours à des intermédiaires.

Les techniques cryptographiques utilisées par Bitcoin et sa structure décentralisée améliorent la sécurité et réduisent le risque de fraude. En raison des bases de données et des intermédiaires centralisés, les systèmes financiers traditionnels sont sensibles aux violations de données, au vol d'identité et aux activités frauduleuses. Grâce à son réseau décentralisé et à ses algorithmes cryptographiques, Bitcoin résiste à la fraude et au piratage, donnant aux utilisateurs plus de contrôle sur la sécurité de leur argent.

En raison de sa nature décentralisée et de l'absence d'intermédiaires, Bitcoin permet des transactions directes entre utilisateurs. Dans les systèmes financiers conventionnels, les utilisateurs s'appuient sur les banques, les processeurs de paiement et d'autres intermédiaires pour gérer les transactions de manière sécurisée et correcte. En garantissant que les transactions sont vérifiées et enregistrées sur la blockchain sans recourir à des intermédiaires, le protocole Bitcoin réduit le besoin de confiance et de dépendance à l'égard d'organismes centralisés.

Alors que les gouvernements et les agences de réglementation s'efforcent d'établir un contrôle et d'assurer la conformité, l'émergence du Bitcoin suscite des préoccupations réglementaires. Pour mettre fin aux activités illégales, les systèmes bancaires traditionnels sont soumis à un certain nombre de lois strictes, notamment la connaissance de votre client (KYC) ainsi que des procédures de lutte contre le blanchiment d'argent (AML). La structure décentralisée et pseudonyme de Bitcoin rend difficile l'exécution réussie de ces restrictions. Pour que Bitcoin et les institutions bancaires conventionnelles coexistent, des cadres réglementaires doivent être établis qui établissent un équilibre entre innovation, protection des consommateurs et stabilité financière.

Même si Bitcoin supprime le besoin d'intermédiaires, son adoption généralisée dépend toujours de la connexion avec les institutions bancaires conventionnelles. La collaboration entre les entreprises Bitcoin et les organisations financières conventionnelles peut aboutir à des solutions créatives combinant les avantages des deux systèmes. Intégrer Bitcoin aux monnaies fiduciaires, assurer une interopérabilité transparente et assurer la conformité réglementaire devraient être les principaux objectifs des projets d'intégration.

Comprendre comment Bitcoin affecte les intermédiaires et les intermédiaires dépend fortement de l'éducation et de la sensibilisation. L'accès à des informations précises et complètes sur les avantages, les risques et les applications potentielles du Bitcoin est nécessaire pour les particuliers, les entreprises et les législateurs. À mesure que le monde des crypto-monnaies évolue, il est important de promouvoir le développement de la culture numérique, de sensibiliser davantage à la technologie blockchain et de proposer des outils aux consommateurs et aux entreprises.

Considérations réglementaires et juridiques

Bitcoin, une monnaie numérique décentralisée révolutionnaire, a bouleversé le système financier et constitue une menace pour les structures juridiques et réglementaires établies. Bitcoin soulève des questions complexes sur la réglementation et le statut juridique, car il s'agit d'une monnaie internationale décentralisée qui fonctionne en dehors des frontières des juridictions nationales. Cette section examinera les implications juridiques et le cadre réglementaire du Bitcoin. Comprendre l'environnement juridique du Bitcoin est essentiel pour son intégration dans le système financier traditionnel. Cela inclut des questions telles que les difficultés liées à l'identification de sa classification juridique, l'évolution du paysage réglementaire et les avantages possibles d'une réglementation équilibrée.

Pour les régulateurs, déterminer le statut juridique du Bitcoin présente une difficulté considérable. Différents systèmes juridiques ont traité Bitcoin de différentes manières ; certains l'ont traité comme une monnaie numérique, tandis que d'autres l'ont traité comme une marchandise. L'application de la réglementation financière et des lois fiscales en vigueur est impactée par cette question juridique. Mettre en place un cadre réglementaire cohérent nécessite de définir la classification juridique du Bitcoin.

Des offres initiales de pièces (ICO) et une pléthore de jetons numériques ont été créés à la suite de l'émergence du Bitcoin. Ces jetons sont traités différemment sur le plan juridique, certains relevant des lois sur les valeurs mobilières. Déterminer si ces pièces sont couvertes par les lois sur les valeurs mobilières, qui exigent l'enregistrement et le respect des mesures de protection des investisseurs, est une tâche difficile pour les régulateurs. L'innovation et la protection des investisseurs doivent coexister dans le cadre juridique des autres monnaies numériques et du Bitcoin, et c'est un facteur clé.

La manière dont les différentes juridictions abordent la réglementation Bitcoin varie considérablement. Alors que certains pays ont adopté une position plus prudente, plusieurs pays ont adopté le Bitcoin en reconnaissance de son potentiel à promouvoir l'innovation et le progrès économique. L'éventail des cadres réglementaires inclut l'accueil des crypto-monnaies et l'application de règles strictes, telles que les exigences en matière de licences, les contrôles de capitaux et les réglementations anti-blanchiment d'argent. La nécessité de trouver un équilibre entre encourager l'innovation et garantir la protection des consommateurs et la stabilité financière se reflète dans l'évolution de l'environnement réglementaire.

La possibilité d'anonymat et de pseudonymat avec Bitcoin a suscité des questions sur le blanchiment d'argent, le financement du terrorisme et d'autres actes illégaux. Par conséquent, les règles de connaissance du client (KYC) et de lutte contre le blanchiment d'argent (AML) pour les échanges Bitcoin et autres fournisseurs de services de crypto-monnaie ont été imposées par les régulateurs. Ces mesures visent à réduire les risques et à mettre Bitcoin en conformité avec les lois anti-blanchiment d'argent en vigueur. Dans l'environnement réglementaire, l'un des plus grands défis consiste à mettre en place des garanties efficaces en matière de KYC et de lutte contre le blanchiment d'argent tout en protégeant la vie privée.

Étant donné que Bitcoin est décentralisé, les procédures de déclaration habituelles ne peuvent pas fonctionner parfaitement pour les autorités fiscales. Pour garantir la conformité et mettre fin à l'évasion fiscale, les gouvernements élaborent des cadres fiscaux. Les facteurs importants dans l'environnement réglementaire incluent la détermination des obligations fiscales pour les transactions Bitcoin, le suivi des gains en capital et la création d'exigences de déclaration.

Dans le but de profiter du manque de contrôle réglementaire, les fraudeurs et les escrocs ont été attirés par la popularité croissante du Bitcoin. Les personnes sans méfiance sont exposées aux stratagèmes de Ponzi, aux fausses offres initiales de pièces et aux programmes d'investissement frauduleux. Les régulateurs ont le devoir de protéger les consommateurs contre ces actes frauduleux et de mettre en place des systèmes pour les contrer avec succès.

Une préoccupation majeure est la sécurité des actifs Bitcoin. Les clés privées doivent être protégées contre le piratage, le vol et la perte par les particuliers et les entreprises. Pour protéger les fonds des clients, les services de garde tels que les bourses Bitcoin et les fournisseurs de portefeuilles doivent suivre des protocoles de sécurité stricts. Afin de sauvegarder les intérêts des clients, des critères réglementaires pour les services de sécurité et de garde doivent être établis.

Dans l'écosystème Bitcoin, la promotion de pratiques d'investissement responsables et la protection des consommateurs dépendent fortement de l'éducation et de la sensibilisation des investisseurs. Les gens peuvent être responsabilisés et la probabilité de fraude et de pertes peut être réduite en étant informés des risques et des récompenses possibles d'un investissement dans Bitcoin ainsi que des méthodes de stockage et de transaction sécurisées.

En offrant aux entreprises participant à l'écosystème Bitcoin clarté et sécurité juridique, une réglementation équilibrée peut promouvoir l'innovation. Un environnement réglementaire accommodant peut attirer les investissements, soutenir l'entrepreneuriat et stimuler l'économie. Les régulateurs peuvent favoriser l'innovation tout en préservant la protection des consommateurs et la stabilité financière en établissant un environnement juridique prévisible et stable.

Pour réduire les risques associés au Bitcoin, tels que le blanchiment d'argent, la fraude et la manipulation du marché, une réglementation efficace est essentielle. La stabilité et l'intégrité de l'écosystème Bitcoin peuvent être améliorées par des réglementations qui tiennent compte de ces préoccupations. Les régulateurs peuvent réduire les risques possibles et garantir la viabilité à long terme du Bitcoin en tant qu'instrument financier fiable et digne de confiance en mettant en œuvre des normes telles que KYC, AML et des licences pour les fournisseurs de services de crypto-monnaie.

Compte tenu du caractère mondial du Bitcoin, une réglementation efficace nécessite une coopération internationale. Le partage des meilleures pratiques et la prévention des arbitrages réglementaires sont autant d'avantages de la coopération entre les régulateurs, les acteurs économiques et les organisations internationales. En créant un cadre réglementaire mondial solide pour le Bitcoin, la coopération internationale peut contribuer à résoudre les problèmes des transactions transfrontalières, du blanchiment d'argent et de la protection des investisseurs.

Les échanges de crypto-monnaie et leur rôle dans l'écosystème

Dans l'écosystème des monnaies numériques, les échanges de crypto-monnaies sont essentiels car ils offrent aux individus et aux organisations des moyens d'acheter, de vendre et d'échanger des crypto-monnaies. Ces marchés servent d'intermédiaires, réunissant acheteurs et vendeurs et approvisionnant le marché en liquide. Comprendre la fonction des échanges de crypto-monnaies est crucial compte tenu de la popularité croissante des crypto-monnaies comme le Bitcoin. L'importance des échanges de cryptomonnaies, leurs rôles et les difficultés qu'ils rencontrent dans un paysage financier en évolution seront tous abordés dans cette section.

La possibilité d'acheter et de vendre des crypto-monnaies est l'un des principaux objectifs des échanges de crypto-monnaies. Les bourses offrent aux gens la possibilité d'échanger des monnaies fiduciaires, telles que l'euro ou le dollar américain, contre des crypto-monnaies. Les échanges permettent à quiconque d'entrer et de sortir facilement du marché des crypto-monnaies en fournissant une interface conviviale, des portefeuilles sécurisés et des capacités de correspondance des commandes. Les échanges de crypto-monnaies sont essentiels pour apporter de la liquidité au marché. La capacité d'acheter ou de vendre rapidement un actif sans affecter de manière significative son prix est appelée liquidité. Les bourses fournissent un vaste réservoir de liquidités en réunissant de nombreux acheteurs et vendeurs. En garantissant que les transactions peuvent être exécutées efficacement et aux taux du marché équitables, cette liquidité contribue à maintenir l'efficacité et la stabilité générales du marché des crypto-monnaies.

Afin de calculer le prix d'une crypto-monnaie, la dynamique de l'offre et de la demande est utilisée comme base sur les échanges de crypto-monnaies. Les acteurs du marché peuvent évaluer le sentiment actuel du marché et ajuster les prix en conséquence grâce aux échanges constants sur les bourses. Les bourses offrent une référence pour estimer la valeur marchande des crypto-monnaies grâce à des carnets d'ordres ouverts et des données de trading en temps réel.

Le type d'échanges de crypto-monnaies le plus répandu est celui des échanges centralisés. Une organisation centralisée qui sert d'intermédiaire entre acheteurs et vendeurs gère ces plateformes. Grâce à leurs moteurs de mise en correspondance des commandes, les bourses centralisées facilitent les transactions tout en conservant la garde des fonds des clients. Les échanges centralisés comme Coinbase, Finance et Kraken en sont des exemples. Les bourses centralisées offrent commodité et liquidité, mais elles impliquent également un certain risque de contrepartie, car les consommateurs doivent être sûrs que la bourse protégera leurs fonds.

Les DEUX, souvent appelés échanges décentralisés, fonctionnent sur la technologie blockchain et suppriment les intermédiaires. Grâce à l'utilisation de contrats intelligents, ces plateformes permettent aux utilisateurs d'échanger des crypto-monnaies directement entre eux. Les DEUX offrent un haut degré de sécurité, de transparence et de contrôle des utilisateurs sur les fonds. Les DEUX incluent des services comme Uniswap, Pancake Swap et Sushi Swap. Bien que les DEUX donnent plus de contrôle aux utilisateurs, ils ont souvent moins de liquidités que les bourses centralisées.

Les composants d'échange décentralisés et centralisés sont combinés dans des échanges hybrides. Ces plateformes utilisent des moteurs de correspondance de commandes centralisés tout en permettant aux consommateurs d'accéder à leurs clés privées. Les bourses hybrides cherchent à offrir aux consommateurs des fonctionnalités de sécurité, de liquidité et de négociation améliorées en combinant les avantages des méthodes centralisées et décentralisées.

Le contexte réglementaire dans lequel opèrent les échanges de crypto-monnaies est complexe. Les gouvernements et les agences de régulation débattent de la manière d'intégrer les crypto-monnaies dans le cadre de la législation financière actuelle. Les bourses doivent gérer les réglementations relatives à la protection des fonds de consommation, à la lutte contre le blanchiment d'argent (AML), à la connaissance de votre client (KYC), aux licences et aux exigences en matière de reporting. Les bourses ont des difficultés considérables à se conformer à ces règles tout en protégeant la vie privée des utilisateurs et le caractère décentralisé de la cryptomonnaie.

La sécurité est une priorité importante pour les échanges de crypto-monnaies. Les avoirs importants en cryptomonnaies sur ces plateformes en font des cibles attrayantes pour les pirates. Pour protéger les fonds des utilisateurs, les bourses doivent mettre en place des mesures de sécurité strictes, telles que l'authentification multifacteur, les options de stockage à froid et les méthodes de cryptage. De plus, la création de services de garde fiables est essentielle pour protéger l'argent des utilisateurs et conserver leur confiance dans la bourse.

Les marchés des crypto-monnaies sont ouverts à la fraude et à la manipulation des prix. Les bourses doivent mettre en place des procédures pour identifier et mettre fin aux manipulations de marché, y compris les escroqueries par pompage et vidange et les opérations de lavage. De plus, ils doivent disposer de systèmes pour détecter et arrêter les activités frauduleuses, telles que les faux volumes de transactions et les accès non autorisés aux comptes d'utilisateurs. Le succès à long terme des échanges de crypto-monnaies dépend de l'instauration de la confiance et du maintien de l'intégrité du marché.

On s'attend à ce que l'intérêt croissant des investisseurs institutionnels pour les cryptomonnaies alimente le développement et la croissance futurs des échanges de crypto-monnaies. La crédibilité, la stabilité et la liquidité supplémentaire du marché sont toutes augmentées par l'adoption institutionnelle. Les bourses devront répondre aux exigences particulières des investisseurs institutionnels, notamment le respect des exigences juridiques et de sécurité, des mesures de sécurité strictes et des fonctionnalités de négociation spécialisées.

Le paysage des échanges de crypto-monnaies pourrait changer en raison de l'émergence de la finance décentralisée (DéFi) et des progrès de la technologie blockchain. Les échanges décentralisés (DEX) basés sur la blockchain offrent un meilleur contrôle, une plus grande confidentialité et une plus grande sécurité aux utilisateurs. Les options d'auto-conservation, qui permettent aux utilisateurs de conserver un contrôle exclusif sur leurs clés privées sans dépendre des échanges, gagnent également en popularité. Ces tendances pourraient mettre fin à la domination des échanges centralisés et encourager une méthode de trading de cryptomonnaies plus axée sur l'utilisateur et décentralisée.

Les cadres réglementaires devraient s'adapter et se développer à mesure que le marché des cryptomonnaies continue d'évoluer. Pour équilibrer la promotion de l'innovation et la protection des investisseurs et des consommateurs, les gouvernements et les organismes de réglementation travaillent. Des lois plus claires peuvent améliorer l'adoption par le grand public, faciliter la participation institutionnelle et offrir plus de sécurité aux échanges de crypto-monnaies. La création de cadres réglementaires efficaces et équitables pour les échanges de crypto-monnaies dépend de la coopération entre les régulateurs, les propriétaires d'entreprises et les autres parties prenantes.

Chapitre IV : Investir dans Bitcoin

Aperçu des opportunités d'investissement

La première monnaie numérique décentralisée, Bitcoin, est devenue une option d'investissement populaire, attirant les investisseurs intéressés par la valeur potentielle et la croissance des crypto-monnaies. Le Bitcoin étant la crypto-monnaie la plus connue et la plus couramment utilisée, plusieurs opportunités d'investissement sont disponibles. Nous donnerons un aperçu des options d'investissement Bitcoin dans cette section. Comprendre les nombreuses façons d'investir dans Bitcoin est nécessaire pour quiconque souhaite entrer sur le marché des crypto-monnaies, depuis l'achat et la détention en tant qu'investissement à long terme jusqu'à la recherche de produits dérivés et de véhicules d'investissement.

Acheter du Bitcoin et le conserver pendant une longue période est l'un des moyens les plus simples et les plus faciles d'y investir. Dans l'espoir que sa valeur augmentera avec le temps, cette stratégie consiste à acheter du Bitcoin dans le but de le conserver longtemps. Cette approche est utilisée par les investisseurs qui souhaitent profiter de la croissance potentielle du Bitcoin comme réserve de valeur ou comme moyen d'échange sur le long terme.

Une méthode d'investissement connue sous le nom de méthode d'achat périodique consiste à acheter systématiquement une quantité spécifique de Bitcoin à des périodes prédéterminées, quel que soit son prix. Avec cette stratégie, les effets de la volatilité des prix à court terme sont atténués et les investisseurs peuvent accumuler régulièrement du Bitcoin au fil du temps. En réduisant le risque lié à un investissement important d'un seul coup, la moyenne des coûts en dollars peut être une stratégie utile pour entrer sur le marché du Bitcoin sans tenter de chronométrer le marché.

Les ETF, ou fonds négociés en bourse, qui suivent le prix du Bitcoin sont des fonds d'investissement cotés et négociés sur les bourses conventionnelles. Les investisseurs peuvent facilement s'exposer au Bitcoin via les ETF sans posséder réellement la monnaie numérique. Ces fonds émettent souvent des actions qui peuvent être achetées et vendues en bourse et détiennent Bitcoin comme actif sous-jacent. Puisqu'ils offrent des avantages tels que la liquidité, la simplicité des transactions et la surveillance réglementaire, les ETF Bitcoin constituent un choix d'investissement souhaitable pour les investisseurs individuels et institutionnels.

Les fiducies pour Bitcoin sont des instruments financiers qui stockent Bitcoin pour le compte des investisseurs. Ces fiducies sont conçues différemment mais fonctionnent de manière similaire aux fonds négociés en bourse. Les actions de la fiducie sont achetées par les investisseurs et signifient la propriété d'une certaine quantité de Bitcoin détenue par la fiducie. Les fiducies Bitcoin offrent des avantages tels que la conformité réglementaire et la facilité d'accès, tout en offrant un mécanisme permettant de s'exposer aux changements de prix du Bitcoin via un véhicule d'investissement conventionnel.

Sans réellement posséder du Bitcoin, les spéculateurs peuvent spéculer sur son prix futur grâce aux contrats à terme. L'achat ou la vente de Bitcoin dans le cadre d'un contrat à terme est convenu à un prix et à une date précis. Les investisseurs peuvent bénéficier à la fois de la hausse et de la baisse des valeurs du Bitcoin en négociant des contrats à terme sur Bitcoin, ce qui leur donne la possibilité de couvrir leurs positions ou de faire des paris liés aux prix. Les contrats à terme sur Bitcoin sont négociés sur des bourses autorisées et offrent une liquidité et des prix clairs.

Le droit, mais pas la responsabilité, d'acheter ou de vendre du Bitcoin à un prix donné dans un délai prédéterminé est accordé via les options Bitcoin, qui sont des dérivés financiers. Les investisseurs peuvent couvrir leurs positions Bitcoin existantes ou faire des prédictions sur le prix du Bitcoin à l'aide d'options. Les investisseurs peuvent profiter de la hausse des prix du Bitcoin en achetant des options d'achat, tandis qu'ils peuvent profiter de la baisse des prix en achetant des options de vente. Pour les investisseurs, les options Bitcoin offrent une flexibilité et des opportunités de contrôle des risques.

En résolvant des énigmes mathématiques difficiles, le processus de minage de Bitcoin implique la validation et l'ajout de nouvelles transactions à la blockchain. Afin de concourir pour l'opportunité de créer de nouveaux Bitcoins et d'obtenir des récompenses sous la forme de Bitcoins fraîchement créés et de frais de transaction, les mineurs ont besoin d'un matériel spécialisé. Pour les personnes possédant le savoir-faire technique requis et ayant accès à des équipements miniers abordables, l'exploitation minière peut être une option d'investissement lucrative. Cependant, cela nécessite des dépenses initiales importantes, un entretien constant et une comptabilité des factures d'électricité.

Pour maintenir le fonctionnement du réseau, le staking implique de conserver une quantité spécifique de Bitcoin ou d'autres crypto-monnaies dans un portefeuille. Les participants reçoivent plus de pièces en récompense pour avoir mis les leurs. En jalonnant, les investisseurs peuvent augmenter la sécurité et la stabilité du réseau blockchain tout en générant des revenus passifs à partir de leurs avoirs Bitcoin.

La technique de finance décentralisée (DéFi) connue sous le nom de « Yield Farming » consiste à prêter de l'argent ou à fournir des liquidités pour des protocoles décentralisés en échange de récompenses. Les investisseurs peuvent déposer leurs Bitcoins dans des pools de liquidités ou sur des plateformes de prêt décentralisées et recevoir des incitations sous forme d'intérêts ou de jetons supplémentaires. Les investisseurs peuvent obtenir des rendements sur leurs avoirs en Bitcoin en participant à des écosystèmes financiers décentralisés ou à des opportunités de culture de rendement.

Les offres initiales de pièces (ICO) et les ventes de jetons incluent un petit investissement initial dans de toutes nouvelles crypto-monnaies ou jetons numériques. Grâce aux ICO, les entrepreneurs et les projets peuvent générer de l'argent en échangeant leurs propres jetons contre des crypto-monnaies bien connues comme le Bitcoin. Le risque d'investir dans les ICO est grand, mais si l'entreprise réussit, des gains importants pourraient être réalisés. Avant d'investir dans des ICO, il est crucial d'entreprendre des recherches minutieuses et une diligence raisonnable, car la surveillance réglementaire et la qualité des projets peuvent différer considérablement.

Le prix du Bitcoin est notoirement instable, avec de grandes variations se produisant soudainement. Pour les investisseurs, la volatilité importante du Bitcoin présente à la fois des opportunités et des menaces. Les investisseurs doivent comprendre les effets potentiels sur leurs portefeuilles d'investissement et se préparer aux changements de prix. Lorsqu'on investit dans Bitcoin, des mesures de gestion des risques et de diversification sont essentielles.

Lorsque vous investissez dans Bitcoin, il est crucial de prendre en compte les facteurs juridiques, car l'environnement réglementaire des crypto-monnaies évolue. Les réglementations peuvent affecter la légalité, les taxes et la sécurité des investissements Bitcoin car elles diffèrent selon les juridictions. Les investisseurs doivent respecter les normes de conformité et se tenir informés des évolutions réglementaires dans leur pays d'origine.

Les investissements dans Bitcoin doivent être sécurisés à tout prix. Les investisseurs doivent prendre des précautions pour protéger leurs actifs Bitcoin, par exemple en utilisant des portefeuilles sécurisés, en suivant des procédures de sécurité strictes et en mettant en place des dispositions de garde fiables. La protection des investissements nécessite une compréhension des risques posés par le vol, le phishing et le piratage.

Comprendre les tendances et la volatilité du marché

Ces dernières années, Bitcoin, la première monnaie numérique décentralisée, a suscité beaucoup d'attention et d'attrait. Contrairement aux instruments financiers conventionnels, Bitcoin présente des tendances de marché et des caractéristiques de volatilité distinctes en tant que classe d'actifs émergente. Les investisseurs, les traders et les passionnés qui souhaitent gérer avec succès le marché du Bitcoin doivent être conscients de ces tendances et de cette volatilité. Les influences sur les tendances du marché du Bitcoin et les causes de sa volatilité seront abordées dans cette section. Nous pouvons en apprendre davantage sur le comportement du marché du Bitcoin en examinant la dynamique de l'offre et de la demande, le sentiment du marché, les problèmes réglementaires et les progrès technologiques.

En raison de la façon dont il a été créé, Bitcoin dispose d'une offre fixe. Avec une offre maximale de 21 millions de pièces, Bitcoin est assuré d'être rare et d'avoir un effet déflationniste. Au fil du temps, les hausses de prix peuvent être provoquées par une offre limitée et une demande croissante. La dynamique de la diminution de l'offre a un impact encore plus grand sur les tendances du marché, à mesure que l'offre de Bitcoin nouvellement créé diminue à cause des événements de réduction de moitié, qui ont lieu environ tous les quatre ans.

Le degré d'adoption et la demande des individus, des institutions et des entreprises ont un impact sur les tendances du marché du Bitcoin. La demande de Bitcoin augmente à mesure que de plus en plus d'organisations l'acceptent comme forme d'investissement ou de moyen d'échange, ce qui pourrait faire monter les prix. La clarté de la réglementation, l'acceptation institutionnelle, les améliorations techniques et les conditions macroéconomiques sont autant de facteurs qui affectent l'adoption. À mesure que l'acceptation augmente, la demande augmente également, modifiant la dynamique du marché du Bitcoin.

Le sentiment des investisseurs et la spéculation ont un impact significatif sur les tendances du marché et la volatilité du Bitcoin. L'optimisme des investisseurs quant aux rendements potentiels et à l'expansion du marché pourrait faire monter les prix. D'un autre côté, un sentiment défavorable peut provoquer des ventes massives et des baisses de prix. Le sentiment général du marché est influencé par des facteurs macroéconomiques, la couverture médiatique et le sentiment au sein de la communauté Bitcoin.

Des événements dignes d'intérêt et des événements importants pourraient avoir un impact sur les tendances du marché du Bitcoin. Les nouvelles positives peuvent renforcer la confiance et faire monter les prix, comme les améliorations réglementaires, l'adoption institutionnelle ou les progrès technologiques. En revanche, les nouvelles négatives peuvent susciter de la peur et de l'incertitude, ce qui peut entraîner une baisse des prix. Des exemples de ce type d'actualités incluent les mesures de répression réglementaires, les failles de sécurité ou les allégations de manipulation de marché. Comprendre le comportement du marché du Bitcoin nécessite d'être informé des actualités ainsi que des événements pouvant affecter l'humeur des investisseurs.

La réglementation a un impact important sur les tendances du marché et la volatilité du Bitcoin. L'adoption, l'acceptation et la légalité du Bitcoin dans différentes juridictions sont influencées par la législation et les politiques gouvernementales. La confiance des investisseurs, la participation institutionnelle et le sentiment du marché dans son ensemble sont tous influencés par la clarté et la cohérence des cadres réglementaires. Pour adhérer aux exigences réglementaires en constante évolution, les investisseurs surveillent en permanence les changements réglementaires et ajustent leurs stratégies si nécessaire.

Différents pays et régions ont des environnements réglementaires différents pour le Bitcoin. Bitcoin a été accepté par certains gouvernements, qui ont apporté une clarté réglementaire, des cadres de licence et des mesures de protection des investisseurs. Certaines personnes ont adopté une position plus prudente, imposant des limites ou interdisant purement et simplement les crypto-monnaies. Lors de l'analyse de la dynamique régionale lors de l'examen des tendances du marché du Bitcoin, il est important de garder à l'esprit la façon dont le paysage réglementaire affecte le comportement des investisseurs, les tendances du marché et la liquidité dans diverses régions.

Les améliorations apportées à la technologie blockchain, la technologie fondamentale qui alimente Bitcoin, peuvent avoir un impact sur les tendances du marché. Les progrès technologiques peuvent affecter l'utilité, l'adoption et la valeur marchande du Bitcoin. Les exemples incluent des solutions d'évolutivité, des mises à niveau de confidentialité et des développements d'interopérabilité. Les développements dans des domaines tels que la finance décentralisée (DéFi), les contrats intelligents et les solutions de couche 2 pourraient avoir un impact sur les tendances du marché du Bitcoin à mesure que l'écosystème blockchain se développe.

Les améliorations et les forks du réseau peuvent avoir un impact sur la dynamique du marché du Bitcoin. Les mises à niveau peuvent améliorer l'efficacité, l'évolutivité et la sécurité des transactions et peuvent avoir un effet sur le sentiment du marché. Les exemples incluent l'adoption de Segregated Witness (SegWit) ou la mise à niveau de Taproot. Forks, comme ceux qui ont produit Bitcoin Cash (BCH) et Bitcoin SV (BSV), peuvent diviser la communauté Bitcoin et provoquer une volatilité des prix alors que les utilisateurs tentent de naviguer dans les nouveaux réseaux et actifs.

La facilité avec laquelle on peut acheter et vendre du Bitcoin sans avoir un impact substantiel sur son prix ou sur la liquidité du marché, affecte la volatilité du Bitcoin. Les ordres d'achat ou de vente importants peuvent être absorbés par le marché sans créer de mouvements de prix appréciables, ce qui réduit la volatilité des prix en général. En revanche, moins de liquidité peut entraîner une plus grande volatilité, car même de petites commandes peuvent avoir un impact significatif sur les prix.

La volatilité du Bitcoin est influencée par les volumes de transactions, la profondeur du marché et le nombre d'ordres d'achat et de vente à différents niveaux de prix. La stabilité des prix et une dynamique de marché plus fluide peuvent être influencées par des volumes d'échanges plus élevés et une plus grande profondeur de marché. En revanche, une activité de négociation plus faible et une profondeur de marché moindre peuvent entraîner une plus grande volatilité, car les petites commandes peuvent entraîner des fluctuations de prix plus importantes.

Les échanges spéculatifs et les manipulations de marché ont également un impact sur la volatilité du Bitcoin. Les systèmes de pompage et de vidage et l'usurpation d'identité sont deux techniques de manipulation qui peuvent artificiellement augmenter ou faire baisser les prix, augmentant ainsi la volatilité. Les fluctuations des prix peuvent être aggravées par les échanges spéculatifs, motivés par des variations de prix et une dynamique à court terme. Pour une interprétation correcte de la volatilité du Bitcoin, il est essentiel de comprendre les effets potentiels de ces actions.

Les tendances du marché et la volatilité liées au Bitcoin présentent des risques que les investisseurs doivent prendre en compte. Une gestion efficace des risques nécessite de connaître sa tolérance au risque, d'effectuer des recherches approfondies et d'analyser les alternatives d'investissement. La volatilité du Bitcoin peut être réduite dans une certaine mesure grâce à une diversification entre plusieurs classes d'actifs, y compris les actifs conventionnels.

Les investisseurs doivent faire correspondre leur horizon d'investissement, leur stratégie et leurs attentes concernant le marché à leur niveau de tolérance au risque. Les traders à court terme peuvent profiter de la volatilité du Bitcoin en utilisant des stratégies de day trading ou de swing trading. Les investisseurs à long terme pourraient se concentrer sur les évaluations fondamentales tout en tenant compte de l'adoption, des progrès technologiques et des cycles du marché. Un investissement Bitcoin réussi nécessite que les méthodes d'investissement soient adaptées aux objectifs individuels et à la tolérance au risque.

Différentes stratégies d'investissement et gestion des risques

Pour ceux qui souhaitent avoir une part du développement futur et de la valeur des crypto-monnaies, Bitcoin, la première monnaie numérique décentralisée, offre une variété d'options et de techniques d'investissement. Comprendre diverses méthodes d'investissement et mettre en pratique de bonnes pratiques de gestion des risques sont essentiels pour réussir un investissement Bitcoin, car il s'agit d'une classe d'actifs volatile et nouvelle. Dans cette section, nous examinerons plusieurs stratégies d'investissement Bitcoin, de la détention à long terme au trading actif, et discuterons des techniques de gestion des risques pour réduire les risques liés à la volatilité du Bitcoin.

La détention à long terme fait partie des stratégies d'investissement les plus simples et les plus claires pour le Bitcoin. Cette stratégie consiste à acheter du Bitcoin dans le but de le conserver pendant une longue période, généralement des années, dans l'espoir que sa valeur augmentera avec le temps. Les investisseurs à long terme souhaitent profiter de la croissance future de la crypto-monnaie car ils croient en son potentiel à long terme en tant que réserve de valeur ou moyen d'échange. Cette stratégie nécessite de la persévérance, de la conviction et la capacité de résister à des changements brusques de prix.

La méthode d'investissement connue sous le nom de méthode d'investissement périodique consiste à investir systématiquement une somme d'argent fixe dans Bitcoin à des périodes prédéfinies, quel que soit son prix. En faisant efficacement la moyenne de leurs points d'entrée au fil du temps, les investisseurs qui utilisent cette méthode achètent plus de Bitcoin lorsque les prix sont bas et moins lorsque les prix sont élevés. La méthode des achats périodiques périodiques aide les investisseurs à éviter les contraintes liées au timing du marché et atténue l'impact de la volatilité des prix à court terme. Cela pourrait être une bonne stratégie pour augmenter régulièrement vos avoirs en Bitcoin tout en réduisant le danger provoqué par la volatilité des prix.

Une stratégie de trading à court terme connue sous le nom de day trading consiste à acheter et à vendre du Bitcoin le même jour afin de capitaliser sur les fluctuations de prix intrajournalières. Les day traders surveillent de près les graphiques, les indicateurs techniques et les actualités du marché pour repérer les tendances passagères et agir rapidement lors des transactions. Cette stratégie nécessite une prise de décision rapide, une expertise en analyse technique et un engagement actif. Le day trading comporte des risques élevés en raison de la volatilité du Bitcoin et peut être éprouvant mentalement et émotionnellement, mais il peut être bénéfique pour les traders expérimentés qui peuvent prédire correctement les mouvements de prix à court ter me.

L'objectif du swing trading, une stratégie de trading à moyen terme, est de profiter des fluctuations de prix ou des « swings » qui se produisent dans le cadre d'une tendance plus large. Les swing traders cherchent à entrer et sortir des transactions à des moments avantageux afin de réaliser des gains à court terme. Pour ce faire, ils analysent les graphiques et localisent les niveaux de support et de résistance. Le swing trading, contrairement au day trading, implique souvent de conserver des positions pendant quelques jours, voire quelques semaines. L'expertise en analyse technique, la patience et la capacité à reconnaître et à tirer parti des tendances du marché sont des conditions préalables à cette technique. Le swing trading est peut-être moins stressant que le day trading, mais il existe toujours des risques en raison de la volatilité du Bitcoin.

En entrant et en sortant rapidement des transactions, la stratégie de trading à haute fréquence connue sous le nom de « scalping » cherche à tirer profit des changements de prix infimes. Les scalpers effectuent plusieurs transactions rapidement dans le but de profiter de petites différences de prix. Cette méthode dépend de l'accès à des plateformes de trading rapides, des spreads serrés et des frais abordables. Des capacités d'analyse technique avancées, de la discipline et la capacité d'exécution rapide des transactions sont nécessaires pour un scalping réussi. En raison des coûts élevés des transactions fréquentes, il s'agit d'une technique à haut risque qui nécessite une bonne gestion des risques.

La répartition des investissements sur plusieurs actifs, secteurs ou marchés est une méthode de gestion des risques qui réduit l'exposition à un investissement particulier. Les investisseurs peuvent être en mesure d'atténuer l'effet de la volatilité du Bitcoin sur leurs performances globales d'investissement en diversifiant leurs avoirs. Les investissements dans d'autres crypto-monnaies, dans des actifs conventionnels comme les actions et les obligations, ou dans d'autres actifs non corrélés sont des exemples de diversification. Il est essentiel de se rappeler que la diversification ne garantit pas le succès ni n'offre une protection complète contre les pertes.

Une gestion efficace des risques dans l'investissement Bitcoin nécessite une compréhension de la tolérance au risque et de l'horizon d'investissement. La capacité et la volonté d'un investisseur de résister aux changements dans la valeur de son investissement sont appelées tolérance au risque. Les investisseurs très tolérants au risque pourraient se sentir plus à l'aise avec la volatilité du Bitcoin, tandis que les investisseurs ayant une tolérance au risque plus faible pourraient préférer une approche plus conservatrice. Fixer un horizon d'investissement approprié permet également de minimiser les effets des fluctuations du marché à court terme en faisant correspondre les méthodes d'investissement aux objectifs et aux horizons temporels individuels.

La taille des positions est une stratégie de gestion des risques qui consiste à

déterminer

le montant de capital à allouer à chaque investissement. Les investisseurs peuvent contrôler leur exposition au Bitcoin en dimensionnant leurs investissements en fonction de leur tolérance au risque et de leurs objectifs de diversification de portefeuille. De plus, en lançant automatiquement une vente si le prix du Bitcoin dépasse un seuil prédéterminé, les ordres stop loss peuvent aider à limiter les pertes potentielles. Les investisseurs peuvent calculer leur ratio risque/récompense et protéger leurs investissements avec des ordres stop loss.

Pour une gestion des risques réussie, il est essentiel de surveiller régulièrement les tendances du marché, les actualités et les changements réglementaires relatifs au Bitcoin. Se tenir au courant des variables affectant les fluctuations des prix du Bitcoin peut aider les investisseurs à faire des choix judicieux et à modifier leur stratégie si nécessaire. Les investisseurs peuvent réagir à l'évolution des conditions du marché et adapter leurs portefeuilles à leur tolérance au risque et à leurs objectifs d'investissement en réévaluant fréquemment leurs positions d'investissement et leur exposition au risque.

Afin de gérer efficacement les risques lors d'un investissement dans Bitcoin, le contrôle des émotions est essentiel. En raison de sa volatilité, Bitcoin peut provoquer des émotions intenses comme la peur et la cupidité, ce qui peut entraîner des décisions financières rapides et insensées. Un investissement Bitcoin réussi nécessite de maintenir une retenue émotionnelle, d'adhérer à une stratégie d'investissement

planifiée et de s'abstenir de réactions émotionnelles aux fluctuations de prix à court ter
me.

La recherche et l'éducation sont essentielles au succès de la gestion des risques. Les investisseurs peuvent prendre des décisions judicieuses s'ils connaissent les bases du Bitcoin, la technologie blockchain et les facteurs qui affectent son prix. Les investisseurs peuvent analyser efficacement les risques et modifier leurs plans en se tenant au courant des tendances du marché, des changements législatifs et de l'actualité du secteur.

Portefeuilles et mesures de sécurité pour stocker Bitcoin

En tant que monnaie numérique décentralisée, Bitcoin donne aux utilisateurs la liberté de gérer eux-mêmes leur argent et leurs actifs. Cependant, des méthodes de sécurité solides et une évaluation minutieuse des portefeuilles sont nécessaires pour sécuriser Bitcoin. Dans cette section, nous examinerons le rôle que jouent les portefeuilles dans le stockage des Bitcoins et passerons en revue les différents types de portefeuilles, notamment les portefeuilles papier, logiciels et matériels. Afin de garantir le stockage sécurisé du Bitcoin, nous examinerons également les méthodes de sécurité clés telles que le cryptage, l'authentification multifacteur, les plans de sauvegarde et les options de stockage à froid.

Les clés cryptographiques nécessaires pour accéder et gérer les avoirs Bitcoin sont conservées dans des conteneurs numériques appelés portefeuilles Bitcoin. Les clés privées, qui sont des codes cryptés permettant aux utilisateurs de signer des transactions et de démontrer leur propriété de Bitcoin, sont stockées dans ces portefeuilles. Les portefeuilles sont essentiels pour stocker Bitcoin car ils offrent aux utilisateurs un moyen sûr de le faire et d'interagir avec lui.

Les portefeuilles matériels sont des objets tangibles conçus uniquement pour stocker les Bitcoins en toute sécurité. Les clés privées sont conservées dans ces portefeuilles hors ligne, loin d'Internet, pour une sécurité maximale. Les portefeuilles matériels prennent souvent la forme de périphériques USB, notamment le Ledger Nano S, le Trésor et le KeepKey. Les utilisateurs doivent relier physiquement le portefeuille à un ordinateur ou un appareil mobile afin de démarrer une transaction. Les portefeuilles matériels constituent une option fiable et pratique pour le stockage Bitcoin à long ter me.

Les portefeuilles logiciels sont des programmes ou des applications que les utilisateurs peuvent utiliser pour gérer leurs avoirs Bitcoin sur leurs ordinateurs, téléphones portables ou tablettes. Les catégories supplémentaires de portefeuilles logiciels incluent les portefeuilles Web, de bureau et mobiles.

Les portefeuilles de bureau sont des programmes informatiques installés sur des ordinateurs portables ou de bureau. Ils offrent un certain nombre de fonctionnalités et d'options de personnalisation en plus de donner aux clients un contrôle total sur leurs clés privées. Electrum, Bitcoin Core et Exodus sont quelques portefeuilles de bureau bien connus. Les personnes qui apprécient la sécurité et souhaitent avoir un contrôle total sur leur stockage Bitcoin devraient utiliser des portefeuilles de bureau.

Les portefeuilles mobiles sont des programmes qui peuvent fonctionner sur des smartphones ou des tablettes et offrent un accès facile au Bitcoin lors de vos déplacements. Ces portefeuilles offrent une interface conviviale et permettent aux clients de gérer facilement leur argent. Les portefeuilles mobiles populaires incluent Mycélium, Edge et Trust Wallet. Les utilisateurs qui apprécient la mobilité et l'accessibilité devraient utiliser des portefeuilles mobiles.

Un navigateur Web est utilisé pour accéder aux portefeuilles Web, parfois appelés portefeuilles en ligne, qui sont stockés sur des serveurs Web. Ils sont pratiques car tout appareil disposant d'une connexion Internet peut y accéder. Les portefeuilles Web, en revanche, exigent que les utilisateurs confient leurs clés privées à un tiers, ce qui présente un certain risque de contrepartie. Les portefeuilles Web incluent ceux de Coinbase, Blockchain.com et GreenAddress, par exemple. Bien que les portefeuilles Web soient simples à utiliser, les précautions de sécurité doivent être soigneusement prises en compte.

Les portefeuilles papier sont des impressions ou des documents tangibles qui incluent une adresse Bitcoin et la clé privée qui y est associée. Ces portefeuilles peuvent être conservés dans un coffre-fort ou un coffre-fort et sont créés hors ligne pour accroître la sécurité. En gardant la clé privée entièrement hors ligne et à l'abri de tout danger en ligne, les portefeuilles papier offrent des alternatives de stockage à froid. Cependant, il est essentiel de gérer le processus de création de manière sécurisée pour éviter tout compromis.

Le cryptage est une stratégie de sécurité cruciale pour protéger les portefeuilles Bitcoin. Des algorithmes de cryptage puissants doivent être utilisés par les portefeuilles pour protéger les clés privées et autres données sensibles. Advanced Encryption Standard (AES) et Rivest-Shamir-Adleman (RSA) sont deux techniques de cryptage populaires. Pour profiter des améliorations de sécurité les plus récentes, il est essentiel d'utiliser des portefeuilles utilisant un cryptage robuste et de maintenir à jour les systèmes d'exploitation et les logiciels de portefeuille.

En obligeant les utilisateurs à présenter diverses formes d'identité pour accéder à leurs fonds, l'authentification multifacteur (MFA) offre un degré de sécurité supplémentaire aux portefeuilles Bitcoin. Cela comprend souvent une combinaison de connaissances de l'utilisateur (comme un mot de passe), de possession (comme un objet physique ou un jeton) et d'identité (comme des informations biométriques). Les utilisateurs peuvent améliorer la sécurité de leurs portefeuilles et réduire les risques d'accès illégal en activant MFA.

Les stratégies de sauvegarde et de récupération sont cruciales pour éviter la perte de données ou la corruption du portefeuille. Les clés privées ou les phrases de départ doivent être fréquemment sauvegardées et stockées en toute sécurité dans un certain nombre d'emplacements hors ligne par les propriétaires de portefeuille. En cas de panne, de perte ou de vol de l'appareil, les utilisateurs peuvent restaurer leur portefeuille et retrouver l'accès à leurs fonds en créant des sauvegardes. Pour la sécurité et l'accessibilité des avoirs Bitcoin, il est essentiel de mettre en œuvre des procédures de sauvegarde et de récupération fiables.

Le terme « stockage froid » décrit le stockage hors ligne et à distance des clés privées et des portefeuilles Bitcoin. Une couche supplémentaire de défense contre les dangers Internet tels que les virus et le piratage est offerte par des solutions de stockage à froid telles que les portefeuilles matériels, les portefeuilles papier ou les appareils hors ligne spécialisés. Les solutions de stockage à froid réduisent les risques d'accès illégal et d'éventuelles pertes financières en gardant les clés privées hors ligne.

Le logiciel de portefeuille et les systèmes associés doivent être régulièrement mis à jour avec les correctifs de sécurité et les améliorations les plus récents afin de maintenir le plus haut niveau de sécurité. Des audits de sécurité doivent être effectués par les développeurs pour rechercher et corriger toute vulnérabilité potentielle. Pour garantir la protection continue de leurs actifs Bitcoin, les utilisateurs doivent rester informés des mises à jour et des alertes de sécurité relatives à leurs portefeuilles préférés et mettre en œuvre rapidement les mises à jour recommandées.

La sécurité du Bitcoin dépend de l'utilisation de systèmes d'exploitation et de matériel sécurisé. Les appareils doivent être sécurisés via une authentification biométrique, des codes PIN ou des mots de passe forts. Pour une protection optimale contre les logiciels malveillants et les tentatives de piratage et pour profiter des avancées les plus récentes en matière de sécurité, il est crucial de mettre régulièrement à jour le système d'exploitation, le programme antivirus et les autres applications de sécurité.

Il est essentiel de s'appuyer sur des sources fiables lors de la sélection de portefeuilles ou du téléchargement de logiciels de portefeuille. Les utilisateurs doivent vérifier les signatures numériques, confirmer le hachage ou l'empreinte digitale du logiciel et s'assurer qu'ils téléchargent uniquement le logiciel à partir de sources légitimes afin de confirmer la fiabilité et l'intégrité du logiciel de portefeuille. Le téléchargement de logiciels compromis ou dangereux est moins probable si vous restez à l'écart des portefeuilles inconnus ou suspects.

Pour que Bitcoin soit sécurisé, la clé privée doit être protégée. Les clés privées doivent toujours rester privées et conservées en toute sécurité, de préférence hors ligne ou sous forme cryptée. Pour augmenter encore la sécurité des portefeuilles et des sauvegardes de clés privées, utilisez des mots de passe ou des phrases secrètes solides pour les chiffrer. Les clés privées ne doivent jamais être conservées dans des services de stockage cloud ou d'autres appareils connectés à Internet, car elles sont sensibles aux pirates.

Les propriétaires de Bitcoins doivent constamment vérifier leur portefeuille et l'historique de leurs transactions pour détecter immédiatement tout accès non autorisé ou activité frauduleuse. Les failles de sécurité potentielles peuvent être évitées en étant attentif aux efforts de phishing, aux attaques d'ingénierie sociale et aux logiciels malveillants. Les risques doivent être minimisés en signalant et en répondant rapidement à toute activité suspecte ou problème de sécurité.

Implications fiscales et exigences de déclaration

La première monnaie numérique décentralisée, Bitcoin, a changé le secteur bancaire et a soulevé des problèmes importants en matière de fiscalité. Les propriétaires de Bitcoin doivent être conscients des implications fiscales et des exigences de déclaration liées à leurs transactions Bitcoin alors que les gouvernements du monde entier luttent pour taxer les crypto-monnaies. Le statut fiscal du Bitcoin, y compris sa classification, l'imposition des plus-values, les exigences de déclaration et l'importance de la tenue de registres, seront abordés dans cette section. Les particuliers peuvent garantir le respect des réglementations fiscales et s'acquitter de leurs obligations de déclaration en acquérant des connaissances sur l'environnement fiscal de Bitcoin.

Différentes juridictions ont des classifications fiscales différentes pour le Bitcoin. Lorsqu'il est vendu ou échangé, le Bitcoin peut être soumis à l'impôt sur les plus-values danscertainesjuridictions,carellesleconsidèrentcommeunactif numérique. D'autres le considèrent comme une monnaie, ce qui donne lieu à diverses options de traitement fiscal, telles que la classification des échanges Bitcoin comme transactions en devises. Afin de déterminer les lois et obligations fiscales pertinentes, il est crucial de comprendre comment Bitcoin est classé dans sa juridiction.

Les nuances réglementaires rendent plus difficile la catégorisation du Bitcoin à des fins de taxation. Pour lutter directement contre les taxes sur les crypto-monnaies, des lignes directrices et des lois spécifiques ont été créées dans diverses juridictions. Cependant, l'environnement réglementaire est encore en évolution dans de nombreux pays, ce qui crée de l'incertitude et la possibilité d'un traitement fiscal différent. Pour gérer le monde en constante évolution de la fiscalité Bitcoin, il est important de suivre l'évolution de la réglementation et de faire appel à des conseils d'experts.

Lorsque Bitcoin est cédé, que ce soit par vente, échange ou utilisation pour payer des biensoudesservices,desobligationsfiscalessurlesplus-values peuventenrésulter. Habituellement,l'impôtsurlesplus-values estcalculésurlebénéficeréalisélorsdela vented'unarticle.L'impôtsurlesplus-values danslecasduBitcoinestcalculéen utilisant l'écart entre le coût d'acquisition et la juste valeur marchande de la crypto monnaie au moment de la cession.

La durée de détention de l'actif détermine le taux d'imposition appliqué aux plus-values surBitcoin.Lesplus-values àcourttermeprovenantdelaventedeBitcoin détenus pendant une certaine période (souvent un an) sont soumises aux taux ordinaires de l'impôt sur le revenu. Des taux d'imposition plus bas s'appliquent aux plus-values àlongterme,quirésultentdelaventedeBitcoindétenupendantplus longtemps. Pour une déclaration fiscale correcte et une planification fiscale efficace, il est essentiel de comprendre les exigences en matière de période de détention et les taux d'imposition correspondants.

Les transactions Bitcoin qui génèrent des revenus doivent être déclarées comme revenu imposable, comme la réception de Bitcoin en échange de produits ou de services, de récompenses minières ou d'incitations au jalonnement. Les particuliers sont tenus de déterminer la juste valeur marchande de tout Bitcoin qu'ils reçoivent au moment de leur réception et d'enregistrer cette valeur comme revenu conformément aux réglementations fiscales locales. Si les revenus Bitcoin ne sont pas déclarés, des amendes et des implications juridiques peuvent être imposées.

Habituellement, lors de la vente de leurs Bitcoins, les propriétaires doivent enregistrer tout gain ou perte en capital. Les informations précises qui doivent être déclarées peuvent différer selon les juridictions, mais en général, elles doivent inclure le coût d'acquisition,leproduitdecessionetleséventuellesplusoumoins-values résultantde chaque transaction. Pour une déclaration appropriée des gains en capital, les transactions Bitcoin doivent être correctement suivies et enregistrées.

Les utilisateurs de Bitcoin qui effectuent des transactions internationales peuvent être soumis à des exigences de déclaration supplémentaires. Le Foreign Account Tax Compliance Act (FATCA) et le Foreign Bank Account Report (FBAR) sont deux lois qui peuvent s'appliquer aux Américains qui possèdent du Bitcoin sur des bourses étrangères ou qui ont des comptes financiers qui dépassent certains seuils. Il peut également y avoir des obligations de déclaration comparables dans d'autres juridictions.

Pour une déclaration fiscale correcte et une conformité, il est essentiel de conserver des enregistrements complets des transactions. Toutes les transactions Bitcoin doivent être documentées, y compris la date, la juste valeur marchande au moment de la transaction, l'objectif de la transaction et toutes les contreparties concernées. Ces registres aident les gens à calculer avec précision leurs obligations fiscales et servent de preuve en cas de contrôles fiscaux.

Auxfinsducalculdesplus-values oudesperteslorsdelacession,ilestessentielde suivre la base de coût du Bitcoin. Les propriétaires de Bitcoin sont tenus de suivre tous les frais, commissions et autres coûts associés à l'achat de chaque unité Bitcoin. Lors de la cession de Bitcoin, il est important de calculer avec précision les gains ou pertes en capital.

La volatilité du Bitcoin et ses taux de change irréguliers rendent difficile le calcul de sa juste valeur marchande à des fins fiscales. Les propriétaires de Bitcoin doivent surveiller attentivement les taux de change au moment de chaque transaction et utiliser des ressources réputées pour calculer la juste valeur marchande de leur devise. Pour une déclaration correcte des revenus et des plus-values, il est essentiel de disposer de registres d'évaluation précis.

Compte tenu de l'évolution de la législation et des incohérences entre les pays, il peut être difficile de naviguer dans le paysage fiscal complexe du Bitcoin. Il est fortement conseillé d'obtenir les conseils professionnels de fiscalistes ou d'experts-comptables agréés connaissant la fiscalité Bitcoin. Ces experts peuvent offrir des conseils sur la planification fiscale, les exigences de déclaration et le respect des règles fiscales particulières de la juridiction concernée.

ChapitreV : Bitcoinetl'avenirdelafinance

Applications potentielles de la technologie blockchain au-delà du Bitcoin

La technologie Blockchain, qui a été utilisée pour la première fois pour alimenter Bitcoin, est devenue un outil robuste avec des cas d'utilisation potentiels dans divers secteurs. Bien que l'utilisation la plus connue de la blockchain reste le Bitcoin, cette technologie présente de nombreux avantages qui vont au-delà de la cryptomonnaie. Dans cette section, nous examinerons quelques utilisations possibles de la technologie blockchain et discuterons de la façon dont elle peut révolutionner des secteurs tels que la gestion de la chaîne d'approvisionnement, la santé, la banque, le vote et la propriété intellectuelle. Nous pouvons libérer le potentiel disruptif de la technologie blockchain et stimuler l'innovation dans divers secteurs en comprenant son utilisation plus large.

En permettant la transparence et la traçabilité tout au long du processus, la technologie blockchain peut complètement transformer la gestion des chaînes d'approvisionnement. Les parties prenantes peuvent suivre l'origine, les processus de fabrication et la distribution d'un produit en enregistrant chaque étape de son parcours dans un registre immuable. En conséquence, l'intégrité est garantie, la fraude diminue, la confiance des consommateurs est accrue et des rappels de produits efficaces sont rendus possibles.

Les procédures de documentation de la chaîne d'approvisionnement peuvent être automatisées et rationalisées à l'aide de contrats intelligents basés sur la blockchain. Ces contrats auto-exécutables peuvent vérifier et appliquer les accords de manière autonome, ce qui réduit les coûts administratifs, élimine les intermédiaires et augmente la productivité. Les contrats intelligents permettent des transactions sûres et ouvertes tout en réduisant les risques de fraude et d'erreurs.

Les dossiers médicaux sécurisés et interopérables présentent des problèmes qui peuvent être résolus par la technologie blockchain. Les données des patients peuvent être stockées, partagées et consultées en toute sécurité par divers prestataires de soins de santé grâce à la fourniture d'un grand livre décentralisé et inviolable. À long terme, cela améliore les résultats pour les patients en donnant aux gens le contrôle de leurs informations médicales, en renforçant la confidentialité et en coordonnant mieux les soins de santé.

L'intégrité et la transparence des recherches et des essais cliniques peuvent être facilitées par la blockchain. Les parties prenantes peuvent garantir l'immuabilité et l'authenticité des données en stockant les procédures d'essai, les résultats et les formulaires de consentement sur une blockchain. Cela encourage la collaboration entre les chercheurs, améliore l'intégrité des données, réduit la fraude et produit des résultats d'étude plus fiables et reproductibles.

En éliminant les intermédiaires, en réduisant les coûts et en accélérant les transactions, la technologie blockchain peut complètement transformer les paiements et les envois de fonds transfrontaliers. Sans l'implication des institutions financières conventionnelles, les transactions peer-to-peer sont rendues possibles grâce à des plateformes basées sur la blockchain, offrant des options de paiement plus rapides et plus rentables aux particuliers et aux entreprises.

En donnant accès aux services bancaires aux personnes non bancarisées et sous-bancarisées, la blockchain a le potentiel d'accroître l'inclusion financière. Sans l'utilisation de documents d'identification conventionnels, les gens peuvent authentifier leur identité en toute sécurité grâce à des identités numériques basées sur la blockchain et accéder aux services financiers. Cela donne aux habitants des pays en développement davantage de pouvoir pour participer à l'économie mondiale et améliorer leur bien-être financier.

La technologie Blockchain peut résoudre les problèmes d'intégrité, de transparence et de fraude électorale du système électoral. Chaque vote devient transparent, infalsifiable et vérifiable en étant enregistré sur une blockchain. Cela renforce les institutions démocratiques en augmentant la confiance des électeurs dans le processus électoral, en garantissant un décompte précis des voix et en réduisant les risques de manipulation.

Les systèmes de vote basés sur la technologie blockchain peuvent prendre en charge un vote à distance pratique et sécurisé. Les gens peuvent voter en toute sécurité depuis n'importe quel endroit en utilisant des réseaux décentralisés et des protocoles de cryptage. Cela augmente l'accessibilité, augmente la participation électorale et protège la confidentialité et la légitimité du processus électoral.

En offrant un registre horodaté et immuable pour l'enregistrement et la protection des droits d'auteur, la technologie blockchain peut révolutionner la gestion des droits de propriété intellectuelle. Afin de garantir une rémunération équitable aux créateurs et d'éviter les désaccords sur les droits de propriété et d'utilisation, les contrats intelligents peuvent automatiser la répartition des redevances et des accords de licence.

Les plateformes construites sur la blockchain peuvent offrir une infrastructure décentralisée pour confirmer la légitimité et la propriété des actifs numériques. Les créateurs et les acheteurs peuvent garantir l'origine et la validité des œuvres d'art numérique, de la musique et d'autres biens numériques en enregistrant des identifiants uniques et des historiques de transactions sur une blockchain, renforçant ainsi la confiance et favorisant le développement de l'économie numérique.

Les monnaies numériques des banques centrales (CBDC) et leur relation avec Bitcoin

Les banques centrales du monde entier envisagent l'idée des monnaies numériques de banque centrale (CBDC) à la suite de l'émergence des crypto-monnaies, Bitcoin en tête. Alors que les CBDC sont une forme numérique de monnaie fiduciaire créée et régie par une banque centrale, Bitcoin, une monnaie numérique décentralisée gérée indépendamment des banques centrales. Nous explorerons le concept des CBDC, leur fonction et leurs avantages, leurs effets possibles sur le système financier et leur connexion au Bitcoin dans cette section. Nous pouvons en apprendre davantage sur l'avenir des monnaies numériques ainsi que sur leur fonction dans l'économie mondiale en comprenant l'évolution de l'écosystème CBDC et la façon dont il interagit avec Bitcoin.

La banque centrale d'un pays émet et gère les monnaies numériques de banque centrale (CBDC), qui sont des représentations numériques de la monnaie fiduciaire. Bien qu'elles utilisent la technologie numérique et disposent de registres décentralisés, elles sont fondamentalement différentes des crypto-monnaies en termes d'émission et de contrôle réglementaire. Les CBDC sont soutenues par la banque centrale, sont considérées comme une monnaie légale et sont régies par les politiques et règles monétaires établies par l'organisme émetteur.

Il existe différents types et modèles de CBDC, des CBDC de gros qui ne sont disponibles que pour les institutions financières aux CBDC de détail accessibles à tous. Alors que les CBDC de détail visent à remplacer l'argent liquide et à donner aux gens un accès direct à la monnaie numérique émise par la banque centrale, les CBDC de gros sont généralement utilisées pour les règlements interbancaires et d'autres opérations financières.

Les CBDC s'efforcent de rendre les systèmes de paiement plus sûrs, plus rapides et plus efficaces. Les transactions peuvent être effectuées en temps réel en utilisant la technologie numérique, ce qui réduit les délais de traitement et les dépenses liées aux méthodes de paiement conventionnelles. Grâce à la possibilité d'argent programmable qu'offrent les CBDC, les paiements peuvent être automatisés et les contrats intelligents peuvent être inclus dans les transactions financières.

Les CBDC offrent à ceux qui n'ont pas accès aux services bancaires traditionnels un moyen sûr et pratique d'effectuer des transactions numériques, ce qui a le potentiel d'améliorer l'inclusion financière. En permettant les transactions transfrontalières, en réduisant le recours aux intermédiaires et en responsabilisant les communautés non bancarisées, les CBDC peuvent accroître l'accès de tous aux services financiers.

Les CBDC donnent aux banques centrales plus de surveillance et de contrôle sur la masse monétaire et les activités financières. Grâce à une émission directe de monnaie numérique et à un système de surveillance, les banques centrales peuvent mieux mettre en œuvre la politique monétaire, réduire les risques liés à l'utilisation d'espèces et accroître la stabilité financière globale.

Les CBDC sont réglementées et émises par les autorités centrales, tandis que Bitcoin est géré indépendamment des banques centrales. Bitcoin diffère des CBDC en raison de sa structure décentralisée, de l'absence d'autorité centralisée et des transactions pseudonymes. Différentes juridictions ont des environnements réglementaires différents pour Bitcoin, certains l'acceptant et le réglementant tandis que d'autres adoptent une position plus prudente ou restrictive.

Bitcoin et CBDC ont des effets potentiels différents sur les systèmes financiers établis.

Les CBDC fournissent une représentation numérique de la monnaie fiduciaire dans un cadre réglementé dans le but d'améliorer l'infrastructure financière existante. Le système financier existant est mis à l'épreuve par Bitcoin, qui offre une alternative décentralisée en matière de monnaie et de paiement, non régie par les banques centrales.

Bien que Bitcoin et les CBDC aient des structures et des caractéristiques réglementaires différentes, il existe une chance de cohabitation et d'intégration. L'inclusion d'actifs numériques, tels que Bitcoin, dans les cadres juridiques des banques centrales pourrait conduire à l'interopérabilité entre les CBDC et les crypto-monnaies déjà existantes. Les caractéristiques décentralisées des crypto-monnaies et des institutions financières conventionnelles peuvent être conciliées grâce à cette connexion.

Les systèmes de paiement pourraient changer à la suite de la création et de l'adoption des CBDC, devenant plus rapides, efficaces et inclusifs. La demande de transactions transfrontalières et la compatibilité avec des crypto-monnaies comme Bitcoin pourraient être à l'origine du développement de systèmes de paiement internationaux à mesure que les CBDC gagnent du terrain.

Le développement des CBDC et leur interaction avec Bitcoin influencent probablement les cadres juridiques régissant les monnaies numériques. Pour tenir compte des avantages et des inconvénients des CBDC et des crypto-monnaies, les banques centrales et les agences de régulation devront modifier leurs politiques. Pour favoriser l'essor des monnaies numériques tout en préservant la stabilité financière, il sera essentiel de trouver un équilibre entre innovation et protection des consommateurs.

La perception et la confiance du grand public dans les CBDC et Bitcoin déterminent leur acceptation et leur adoption. L'adoption des monnaies numériques comme alternatives viables aux systèmes financiers conventionnels sera fortement influencée par les campagnes d'éducation et de sensibilisation lancées par les banques centrales et les organismes de réglementation.

Une nouvelle ère d'innovation et de disruption dans le secteur financier a commencé avec l'introduction de la technologie blockchain. La finance décentralisée (DéFi) et les contrats intelligents sont à la pointe de ce mouvement. Les contrats intelligents basés sur la blockchain permettent d'automatiser et d'exécuter des accords contractuels sans recourir à des intermédiaires. De plus, DeFi utilise des contrats intelligents pour créer un environnement financier libre et ouvert. Cette section examinera l'idée des contrats intelligents, ainsi que ses avantages, ses utilisations pratiques et sa contribution au développement de DéFi. Nous pouvons apprécier les opportunités et les difficultés qu'ils offrent à l'environnement financier traditionnel en saisissant le potentiel révolutionnaire des contrats intelligents et de la DéFi.

Les contrats auto-exécutables, ou contrats intelligents, appliquent automatiquement les termes et conditions qui y sont inscrits. En autorisant les transactions directes peer-to-peer, ils fonctionnent sur des plateformes blockchain décentralisées comme Ethereum et suppriment le besoin d'intermédiaires comme des avocats ou des notaires. Les contrats intelligents garantissent la confiance et la fiabilité des transactions financières car ils sont infalsifiables, transparents et immuables. Les contrats intelligents s'exécutent lorsque les conditions de déclenchement prédéterminées sont remplies. Ils sont écrits dans des langages de programmation créés spécialement pour la création de contrats intelligents, comme Solidity l'Ethereum. Les contrats intelligents peuvent gérer et distribuer eux-mêmes les actifs, permettre des transactions multipartites et faire respecter les contrats sans intervention humaine une fois qu'ils ont été placés sur la blockchain.

Différentes opérations sont rationalisées et automatisées par des contrats intelligents, nécessitant moins de travail physique, de paperasse et d'administration générale. Les contrats intelligents peuvent accroître l'efficacité, réduire les coûts et accélérer les délais de règlement des transactions en supprimant les intermédiaires et en dépendant uniquement d'un code auto-exécutable.

Grâce à la transparence de la technologie blockchain, les transactions de contrats intelligents peuvent être vérifiées et auditées par tous les participants. Puisque les termes et circonstances de l'accord sont rendus publics, il n'y a aucun désaccord et aucun intermédiaire n'est nécessaire pour confirmer la légalité de l'accord, ce qui favorise la confiance.

Dans les transactions financières, les contrats intelligents supprimant le recours à des intermédiaires comme les banques ou les organisations gouvernementales. En réduisant les frais, la paperasse et les délais, cette désintermédiation augmente l'accessibilité et le caractère abordable des transactions financières pour une plus grande variété de personnes et d'entreprises.

Les actifs du monde réel peuvent être tokenisés à l'aide de contrats intelligents, les transformant en jetons numériques facilement contrôlés, échangeables et transférables sur les systèmes blockchain. Cela crée de nouvelles opportunités pour une gestion d'actifs efficace dans plusieurs secteurs, une liquidité améliorée et une propriété fractionnée.

Une variété d'applications financières créées sur des plateformes blockchain qui fonctionnent sans l'aide d'intermédiaires conventionnels sont appelées « finance décentralisée » ou « DéFi » dans ce contexte. DéFi aspire à fournir un écosystème financier ouvert, sans autorisation et inclusif qui permettra aux utilisateurs d'utiliser des contrats intelligents et des actifs numériques pour accéder à des services financiers, notamment des prêts, des emprunts, des échanges et des investissements. Le commerce peer-to-peer d'actifs numériques est rendu possible par les échanges décentralisés (DEX), qui suppriment l'exigence d'intermédiaires centralisés et de garde d'argent. Pour exécuter et régler les transactions de manière sécurisée et transparente, ils s'appuient sur des contrats intelligents.

Les utilisateurs des plateformes DéFi peuvent emprunter des actifs en fournissant des garanties ou prêter leurs actifs numériques pour gagner des intérêts. Avec l'automatisation des procédures d'emprunt et de prêt, les contrats intelligents garantissent l'exactitude de l'exécution des accords de prêt et la sécurité des garanties.

Les Stable Coins sont des monnaies numériques à valeur fixe qui sont fréquemment ancrées dans la monnaie fiduciaire. Ces actifs numériques agissent comme un moyen d'échange et une réserve de valeur, permettant la stabilité et la liquidité au sein des services DeFi.

Les contrats intelligents sont utilisés par les teneurs de marché automatisés (AMM) pour établir des pools de liquidités permettant des échanges décentralisés. Ces pools permettent aux utilisateurs de négocier des actifs directement à partir du pool sans avoir recours à des carnets d'ordres ou à des procédures conventionnelles de tenue de marché en ajustant automatiquement les prix en fonction de l'offre et de la demande.

À l'échelle mondiale, les contrats intelligents permettent à quiconque d'obtenir des services financiers sans avoir recours aux institutions ou intermédiaires traditionnels. Afin de promouvoir l'inclusion financière et de donner plus de pouvoir aux personnes non bancarisées, les systèmes DéFi basés sur des contrats intelligents offrent un accès ouvert et inclusif aux options de prêt, d'emprunt, de trading et d'investissement.

DéFi abaisse les barrières à l'entrée et démocratise les institutions financières en offrant à tous les participants les mêmes chances de réussir. Les contrats intelligents permettent des transactions peer-to-peer et suppriment l'exigence d'autorisation ou d'approbation des autorités centralisées, permettant ainsi aux personnes de s'engager librement dans des activités financières et de conserver la souveraineté sur leurs actifs.

En permettant aux développeurs de créer de nouveaux produits et services financiers sur des réseaux blockchain ouverts et sans autorisation, les contrats intelligents et DéFi favorisent l'innovation. Cela encourage à tester de nouveaux instruments financiers, des méthodes d'investissement automatisées et des modèles de gouvernance alternatifs, ouvrant ainsi la porte à des développements perturbateurs dans le secteur financier.

Des problèmes de réglementation et de sécurité sont soulevés par le développement de la DéFi et le recours aux contrats intelligents. La protection des consommateurs, la conformité à la lutte contre le blanchiment d'argent (AML) et le règlement des litiges sont tous confrontés à des défis à mesure que les activités financières deviennent plus décentralisées et que les réglementations peinent à suivre le rythme. De plus, les attaquants peuvent exploiter les faiblesses des contrats intelligents, soulignant l'importance d'un audit de code et de procédures de sécurité rigoureuses.

En interagissant avec les systèmes financiers actuels, les contrats intelligents et DéFi ont le potentiel de transformer la finance conventionnelle. En permettant l'interopérabilité, le partage de liquidités et la collaboration entre plateformes centralisées et décentralisées, cette intégration peut combler l'écart entre la finance traditionnelle et décentralisée.

DéFi est toujours en expansion et de nouvelles plates-formes, applications et protocoles sont constamment développées. Nous pouvons nous attendre à une vague d'innovation, à des cas d'utilisation élargis et à une adoption accrue de ces technologies transformatrices à mesure que davantage de personnes et d'institutions comprennent les avantages des contrats intelligents et de la finance décentralisée.

Les cadres réglementaires changeront à mesure que les contrats intelligents et DéFi deviendront plus populaires afin de répondre aux difficultés et dangers particuliers posés par ces technologies. Pour maintenir la sécurité des consommateurs, la stabilité du marché et la conformité au sein de l'écosystème financier décentralisé, les gouvernements et les agences de réglementation élaborent probablement des règles et des réglementations.

Prédictions et défis pour l'avenir du Bitcoin et des crypto-monnaies

Au cours de la dernière décennie, le Bitcoin et d'autres crypto-monnaies ont attiré beaucoup d'attention et d'adoption, perturbant les systèmes financiers établis et lançant un nouveau paradigme de monnaies numériques décentralisées. Il est essentiel d'évaluer les prévisions et les difficultés auxquelles Bitcoin et l'écosystème plus large des crypto-monnaies seront confrontés à l'avenir. L'avenir du Bitcoin et des autres crypto-monnaies, y compris leur place dans l'économie mondiale, leur acceptation par les investisseurs institutionnels, les problèmes d'évolutivité et les changements réglementaires, seront abordés dans cette section. Nous parlerons également des difficultés qui peuvent empêcher ces prédictions de se réaliser, comme les contraintes technologiques, les problèmes de sécurité, les réglementations incertaines et les effets environnementaux. En examinant ces aspects, nous pourrions en apprendre davantage sur l'évolution future du Bitcoin et d'autres crypto-monnaies ainsi que sur les défis qui doivent être résolus pour qu'ils atteignent leur plein potentiel.

Les tendances futures incluent l'acceptation généralisée des crypto-monnaies comme le Bitcoin comme moyen de paiement courant et réserve de valeur. De plus en plus de particuliers, d'entreprises et même de gouvernements pourraient commencer à adopter les monnaies numériques à mesure que la sensibilisation et la compréhension de celles-ci augmentent, ce qui pourrait conduire à leur acceptation et à leur intégration dans les systèmes financiers actuels à plus grande échelle.

Une autre prévision pour l'avenir des crypto-monnaies est l'engagement des investisseurs institutionnels, tels que les hedge funds, les gestionnaires d'actifs et les banques d'investissement. Une liquidité, une stabilité et une maturité accrues peuvent résulter de l'entrée d'acteurs institutionnels sur le marché et de l'entrée dans l'écosystème Bitcoin. Les investisseurs traditionnels peuvent avoir accès à des produits d'investissement institutionnels tels que les fonds négociés en bourse (ETF) Bitcoin qui offrent un moyen réglementé et simple d'investir dans les crypto-monnaies.

Pour les crypto-monnaies, notamment Bitcoin, l'évolutivité est un problème récurrent. Cependant, certains prévoient que les problèmes de mise à l'échelle seront résolus par des percées technologiques telles que des solutions de couche 2 comme le Lightning Network, qui permettraient des transactions plus rapides et moins coûteuses. L'utilisation et la gestion des crypto-monnaies pourraient également être simplifiées grâce à des progrès dans la conception de l'interface utilisateur et de l'expérience utilisateur, ce qui augmenterait leur acceptation.

À l'avenir, les actifs du monde réel tels que l'immobilier, les œuvres d'art et la propriété intellectuelle pourraient être de plus en plus symbolisés ou représentés sur la blockchain sous forme de jetons numériques. La tokenisation pourrait démocratiser l'accès à des marchés autrefois illiquides en ouvrant de nouvelles possibilités de propriété fractionnée, de liquidité et de transfert efficace d'actifs.

Pour les crypto-monnaies, l'évolutivité continue d'être un problème majeur, en particulier pour celles avec d'énormes volumes de transactions comme Bitcoin. Même si le partitionnement et les protocoles de couche 2 font partie des technologies qui tentent de résoudre les problèmes d'évolutivité, leur adoption générale et leur efficacité n'ont pas encore été établies. Pour gérer l'augmentation de l'utilisation et des volumes de transactions, les crypto-monnaies doivent établir une infrastructure stable et évolutive.

Parce qu'elles sont numériques par nature, les crypto-monnaies sont vulnérables aux menaces telles que la fraude, le vol et le piratage. Un état de vigilance constant et des améliorations des procédures de cybersécurité sont nécessaires pour la sécurité des portefeuilles, des échanges et des contrats intelligents. De plus, comme il n'existe pas d'autorité centrale pour récupérer ou annuler les transactions, la nature décentralisée des crypto-monnaies crée des difficultés en cas de perte ou de vol d'argent.

Dans un environnement réglementaire en constante évolution, les crypto-monnaies fonctionnent. Différents pays ont différentes manières de réglementer les crypto-monnaies, allant de permissives à strictes. L'adoption des crypto-monnaies peut être entravée par l'incertitude réglementaire concernant des questions telles que la fiscalité, la protection des investisseurs et la réglementation anti-blanchiment d'argent. Pour que l'industrie réussisse à long terme, il doit exister des lois claires et bien définies qui établissent un équilibre entre innovation et protection des consommateurs.

En raison de leur recours à des techniques de minage énergivores, les crypto-monnaies, en particulier le Bitcoin, ont été critiquées pour leur forte consommation d'énergie. Les inquiétudes concernant la viabilité à long terme et l'impact environnemental des crypto-monnaies sont soulevées par l'empreinte carbone liée aux processus d'extraction. Pour apaiser ces inquiétudes, il sera crucial de créer des processus de consensus durables et d'étendre l'utilisation des sources d'énergie renouvelables.

L'évolutivité, la sécurité et l'expérience utilisateur sont trois préoccupations technologiques qui nécessitent une recherche et une amélioration continue. Les crypto-monnaies peuvent évoluer grâce aux améliorations des algorithmes de consensus, des protocoles de confidentialité et des normes d'interopérabilité, qui amélioreront également leur convivialité et leurs fonctionnalités.

Afin de créer des lois claires et équitables qui encouragent l'innovation tout en protégeant les intérêts des consommateurs et en garantissant l'intégrité du marché, la collaboration entre les acteurs de la crypto-monnaie et les agences de réglementation est essentielle. L'environnement réglementaire peut être façonné de manière à favoriser le développement et la maturation de l'écosystème Bitcoin grâce à des conversations constructives, des bacs à sable réglementaires et des initiatives d'autorégulation de l'industrie.

Promouvoir les connaissances et sensibiliser aux crypto-monnaies peut contribuer à dissiper les idées fausses, à réduire les obstacles à l'adoption et à encourager une utilisation responsable. Les initiatives visant à éduquer les consommateurs, les investisseurs, les entreprises et les législateurs peuvent aider les gens à mieux connaître le potentiel des crypto-monnaies et de la technologie blockchain.

La transition vers des comportements plus durables est nécessaire pour lutter contre les effets environnementaux négatifs des crypto-monnaies. Les réseaux de blockchain et les mineurs peuvent explorer des algorithmes de consensus économes en énergie et promouvoir l'utilisation de sources d'énergie renouvelables. Un avenir plus durable peut également être facilité grâce à des programmes promouvant la compensation carbone et la protection de l'environnement au sein de l'écosystème des cr ypto-monnaies.

Chapitre VI : L'impact environnemental du Bitcoin

Examen de la consommation énergétique du minage de Bitcoin

La première crypto-monnaie, Bitcoin, a complètement changé le paysage financier grâce à sa structure décentralisée et fiable. Mais il y a beaucoup de discussions et d'attention autour de la consommation d'énergie impliquée dans l'exploitation minière de Bitcoin. Les inquiétudes concernant les effets de l'exploitation minière sur l'environnement et sa durabilité se sont accrues à mesure que la demande de Bitcoin et d'autres crypto-monnaies augmente. La consommation d'énergie du minage de Bitcoin, ses mécanismes sous-jacents, ses effets environnementaux et les mesures d'atténuation potentielles seront tous examinés dans cette section. Nous pourrions mieux comprendre l'importance, les difficultés et le potentiel d'un avenir plus durable en examinant l'empreinte énergétique du minage de Bitcoin.

La blockchain, un réseau décentralisé sur lequel Bitcoin fonctionne, tient un registre public de toutes les transactions. Grâce à un processus appelé minage, les mineurs jouent un rôle essentiel dans la sécurisation et la validation des transactions en résolvant des énigmes mathématiques complexes. Afin d'avoir la chance d'ajouter de nouveaux blocs à la blockchain et d'obtenir des récompenses Bitcoin, cette procédure nécessite de la puissance de traitement et de l'énergie.

Le processus de consensus de preuve de travail (PoW) utilisé par Bitcoin nécessite d'énormes efforts de calcul de la part des mineurs afin de résoudre les défis cryptographiques. Le nouveau Bitcoin est attribué au premier mineur qui déchiffre le code et valide le bloc. Ce processus soutient la sécurité et l'intégrité de la blockchain, mais ajoute également à la consommation d'énergie du minage de Bitcoin.

Les circuits intégrés spécifiques à une application (ASIC), nécessaires pour effectuer efficacement les tâches de calcul requises, sont du matériel spécialisé nécessaire au minage de Bitcoin. Ces ASIC utilisent une importante quantité d'électricité pour faire fonctionner leurs processus et maintenir le matériel au frais. La puissance de calcul utilisée par les mineurs est étroitement liée à la consommation d'énergie du minage de Bitcoin.

La consommation d'énergie du minage de Bitcoin a donné lieu à des comparaisons avec de nombreux pays et secteurs de l'économie. Selon certaines estimations, l'énergie nécessaire au minage de Bitcoin est importante et comparable à celle utilisée par des pays entiers. Néanmoins, il est crucial de placer cela dans la perspective d'un environnement énergétique mondial plus vaste, car les systèmes bancaires conventionnels et d'autres entreprises consomment également une quantité importante d'énergie.

En produisant de l'électricité à partir de combustibles fossiles, la consommation d'énergie du minage de Bitcoin contribue principalement aux émissions de carbone. Des inquiétudes ont été exprimées concernant les effets environnementaux, en particulier dans les zones à forte concentration de centrales électriques au charbon. L'impact carbone de l'exploitation minière de Bitcoin a suscité des discussions sur sa compatibilité avec les objectifs de durabilité et sur la rapidité avec laquelle nous devons passer aux sources d'énergie renouvelables.

Les déchets électroniques (déchets électroniques) produits par des équipements miniers obsolètes sont le résultat de l'évolution rapide des équipements miniers et de la nécessité de mises à niveau fréquentes. Pour réduire l'impact environnemental des déchets électroniques et promouvoir des méthodes d'exploitation minière éthiques, ces gadgets doivent être correctement éliminés et recyclés.

Le passage à des sources d'énergie renouvelables est une technique potentielle de réduction de la consommation d'énergie pour le minage de Bitcoin. L'empreinte carbone associée aux activités minières peut être considérablement réduite en adoptant des options énergétiques alternatives comme l'énergie solaire, éolienne ou hydroélectrique.

La consommation d'énergie peut être réduite en rationalisant les processus miniers et en améliorant l'efficacité énergétique du matériel minier. Les fabricants et les mineurs peuvent se concentrer sur la création et l'utilisation d'ASIC et de systèmes de refroidissement plus économes en énergie, ainsi que sur la mise en pratique des meilleures pratiques pour augmenter la puissance de calcul par unité d'énergie consommée.

Les crypto-monnaies peuvent consommer moins d'énergie si des techniques de consensus alternatives telles que la preuve de participation (PoS) sont explorées. Au lieu de s'appuyer sur un minage gourmand en ressources, les systèmes PoS s'appuient sur des validateurs qui conservent et verrouillent une quantité fixe de crypto-monnaies pour protéger le réseau.

Les techniques d'exploitation minière durable peuvent être activement promues par la communauté Bitcoin. Un écosystème minier plus durable peut être atteint en prenant des mesures telles que l'encouragement de l'utilisation de sources d'énergie renouvelables, le financement de la recherche et du développement de technologies minières économes en énergie et l'encouragement de la responsabilité et de l'ouverture dans les opérations minières.

Les développements technologiques pourraient conduire à un matériel et à des procédures d'exploitation minière plus économes en énergie à mesure que l'exploitation minière de Bitcoin continue de se développer. Tant que la sécurité des réseaux et la décentralisation sont maintenues, des solutions créatives réduisant la consommation d'énergie peuvent être mises au point grâce à la recherche et au développement continus.

Les problèmes environnementaux peuvent être résolus et de bonnes opérations minières peuvent être encouragées grâce à l'établissement de cadres réglementaires et de normes industrielles. Les gouvernements, les agences de réglementation et les acteurs économiques travaillant ensemble peuvent créer des normes pour les pratiques minières, l'élimination des déchets électroniques et la consommation d'énergie.

Il est possible de mieux comprendre les difficultés et les opportunités liées aux crypto-monnaies en sensibilisant le public et en leséduquant sur la consommation d'énergie du minage de Bitcoin. Encouragez les personnes et les organisations à prendre des décisions judicieuses en promouvant une utilisation responsable et l'importance des pratiques minières durables.

Initiatives de développement durable et transition vers des pratiques minières plus vertes

L'expansion rapide des crypto-monnaies, en particulier du Bitcoin, a fait prendre conscience des effets des activités minières sur l'environnement. L'industrie se rend compte de la nécessité de mesures de durabilité et de la mise en œuvre de techniques d'exploitation minière plus écologiques, alors que les inquiétudes concernant la consommation d'énergie liée à l'extraction de crypto-monnaies persistent. Dans cette section, nous examinerons les problèmes liés à l'impact de l'exploitation minière sur l'environnement, l'importance de la durabilité dans le monde des crypto-monnaies, ainsi que les nombreux programmes et techniques qui encouragent une évolution vers une exploitation minière plus verte. Nous pouvons apprendre comment le secteur aborde les problèmes environnementaux et évolue vers un avenir plus durable en examinant ces initiatives de développement durable.

Le minage de crypto-monnaies, en particulier de Bitcoin, nécessite des ordinateurs puissants et beaucoup d'électricité. Les opérations minières ont besoin de beaucoup d'énergie, ce qui augmente considérablement leur empreinte carbone, en particulier dans les zones où les sources d'énergie fossiles constituent la principale source d'énergie. Les effets négatifs des activités minières sur l'environnement sont exacerbés par l'utilisation d'énergies non renouvelables.
Les déchets électroniques (déchets électroniques) s'accumulent en raison de

l'évolution

rapide du matériel minier, à mesure que les équipements antérieurs, moins efficaces, deviennent inutilisables. Pour minimiser l'impact environnemental et réduire l'empreinte carbone associée aux activités minières, une gestion et un recyclage appropriés des déchets électroniques sont essentiels.

La gestion de l'environnement doit être une priorité absolue pour les parties prenantes à mesure que le secteur des crypto-monnaies se développe. L'adoption de stratégies de développement durable contribue à améliorer la viabilité et la réputation à long terme des crypto-monnaies ainsi qu'à réduire les effets environnementaux négatifs.

Les initiatives de développement durable vont au-delà des questions environnementales. Le secteur des crypto-monnaies offre la possibilité d'interagir avec les communautés locales, de soutenir les initiatives en matière d'énergies renouvelables et de soutenir des causes sociales qui ont un impact positif sur la société dans son ensemble.

Le passage aux sources d'énergie renouvelables pour les opérations minières est l'une des principales stratégies. L'empreinte carbone des opérations minières peut être considérablement réduite et celles-ci peuvent contribuer à créer une infrastructure énergétique plus respectueuse de l'environnement en utilisant l'énergie géothermique, hydroélectrique, solaire ou éolienne.

Les opérations minières et les initiatives de crypto-monnaies peuvent participer à des programmes de compensation pour équilibrer leurs émissions de carbone. Soutenir des programmes tels que le reboisement, les initiatives en matière d'énergies renouvelables ou les crédits carbone peut contribuer à atteindre la neutralité carbone et à réduire les effets négatifs de l'exploitation minière sur l'environnement.

Grâce au développement et à la construction d'équipements miniers économes en énergie, les fabricants de matériel minier jouent un rôle important dans la promotion du développement durable. La réduction de la consommation d'énergie tout en préservant la capacité de traitement peut être obtenue en créant des systèmes de refroidissement et des circuits intégrés spécifiques à une application (ASIC) plus économes en énergie.

Les mineurs et les fabricants devraient donner la priorité à la réduction des déchets et mettre en place des processus de recyclage efficaces pour lutter contre le problème des déchets électroniques. Le recyclage et l'élimination appropriée des équipements miniers usagers contribuent à créer une économie circulaire et à minimiser les dommages causés par les déchets électroniques à l'environnement.

La création d'alliances entre les sociétés minières Bitcoin et les fournisseurs d'énergie renouvelable peut accélérer la transition vers des sources d'énergie plus respectueuses de l'environnement. Ces partenariats peuvent contribuer à l'expansion de l'infrastructure des énergies renouvelables tout en garantissant un approvisionnement constant en énergie renouvelable pour les opérations minières.

Des lignes directrices et des normes pour les activités minières durables peuvent être établies avec l'aide des organismes de réglementation. Grâce à cet engagement, l'industrie est encouragée à adopter des procédures minières éthiques et à établir un environnement réglementaire favorable.

L'engagement et la communication ouverte avec les communautés locales peuvent renforcer la confiance et le soutien aux activités minières durables. La collaboration avec les acteurs du quartier, tels que les groupes environnementaux, peut aboutir à des objectifs partagés et faire progresser les pratiques durables.

La création de machines minières plus économes en énergie et l'optimisation des processus dépendent du développement technique continu. L'efficacité énergétique doit être améliorée, le gaspillage d'énergie doit être réduit et des alternatives moins gourmandes en énergie aux méthodes de consensus traditionnelles doivent être étudiées.

Le secteur des cryptomonnaies a besoin de cadres réglementaires favorables et transparents qui favorisent une exploitation minière responsable et durable. Pour garantir un avenir durable aux opérations minières, les gouvernements peuvent encourager l'adoption de sources d'énergie renouvelables, soutenir les initiatives environnementales et offrir des conseils sur la gestion des déchets électroniques.

Il est essentiel de sensibiliser à la valeur de la durabilité dans le secteur des crypto-monnaies. Les programmes éducatifs destinés aux mineurs, aux investisseurs et au grand public peuvent accroître la sensibilisation et l'intérêt pour l'emploi de techniques minières plus respectueuses de l'environnement.

Équilibrer les avantages du Bitcoin avec les préoccupations environnementales

Le potentiel du Bitcoin, la première crypto-monnaie décentralisée au monde, à perturber les systèmes financiers établis, a attiré une attention considérable. Cependant, l'inquiétude concernant l'impact environnemental du Bitcoin augmente avec sa popularité et sa demande. Des discussions sur le compromis entre les avantages du Bitcoin et ses effets sur l'environnement ont surgi en raison de la consommation d'énergie liée au minage de Bitcoin. Les avantages du Bitcoin, notamment son inclusion financière, sa décentralisation et son autonomisation financière, seront abordés dans cette section ainsi que les problèmes environnementaux soulevés par sa consommation d'énergie. Comprendre cet équilibre délicat nous aidera à trouver de nouvelles stratégies et solutions pour réduire les impacts environnementaux négatifs du Bitcoin et promouvoir un avenir plus durable.

Bitcoin favorise l'inclusion financière en permettant aux personnes non bancarisées et sous-bancarisées d'accéder aux services financiers. Sans avoir besoin d'un compte bancaire conventionnel, il permet aux habitants des zones mal desservies de s'impliquer dans l'économie mondiale, de transférer de l'argent et de stocker de la valeur.

Étant donné que Bitcoin fonctionne sur un réseau décentralisé, il ne nécessite ni intermédiaire ni contrôle centralisé. Cette nature décentralisée donne aux gens le pouvoir de gérer leurs propres finances, de contourner la censure et d'effectuer des transactions peer-to-peer sans dépendre des institutions financières conventionnelles.

L'immuabilité ainsi que la transparence de la technologie blockchain qui alimente Bitcoin offrent un moyen sûr et efficace de vérifier les transactions. L'architecture ouverte de la blockchain rend l'audit visible et réduit les risques de fraude ou de manipulation.

Le secteur des technologies financières connaît une vague d'innovation grâce au Bitcoin. En conséquence, la technologie blockchain a progressé et des opportunités de perturbation financière et d'innovation ont été créées. Il a également ouvert la voie à

la
création de nouvelles applications décentralisées, de contrats intelligents et de crypto-monnaies supplémentaires.

La puissance de traitement et l'énergie utilisée dans le minage de Bitcoin sont toutes deux importantes. La méthode consensuelle de preuve de travail (PoW), qui maintient la sécurité et l'intégrité du réseau, ajoute à la nature énergivore de l'exploitation minière. Cela a suscité des inquiétudes quant à l'impact environnemental de l'exploitation minière de Bitcoin et à son empreinte carbone, en particulier dans les zones où les sources d'énergie basées sur les combustibles fossiles sont la norme.

Les déchets électroniques (déchets électroniques) sont produits à la suite de l'évolution rapide des équipements miniers lorsque des équipements plus anciens et moins efficaces deviennent obsolètes. Pour atténuer ses effets nocifs sur l'environnement et réduire l'empreinte carbone liée aux opérations minières, une gestion et un recyclage appropriés des déchets électroniques sont cruciaux.

Le passage à des sources d'énergie renouvelables est une méthode permettant de réduire les effets négatifs du minage de Bitcoin sur l'environnement. En encourageant les mineurs à utiliser des sources d'énergie renouvelables comme l'énergie éolienne, solaire ou hydroélectrique, l'empreinte carbone associée aux opérations minières peut être considérablement réduite.

Pour trouver un équilibre entre les avantages du Bitcoin et les préoccupations environnementales, l'efficacité énergétique dans les opérations minières doit être encouragée. En utilisant des systèmes de refroidissement efficaces, en déployant du matériel minier plus économe en énergie et en recherchant des processus de consensus moins gourmands en calcul, les mineurs peuvent améliorer l'efficacité de leurs opérations.

En participant à des programmes de compensation, vous pouvez réduire les émissions de carbone causées par l'exploitation minière de Bitcoin. Soutenir des programmes tels que le reboisement, les plans d'énergies renouvelables ou les crédits carbone peut contribuer à atteindre la neutralité carbone et à atténuer les effets négatifs de l'exploitation minière sur l'environnement.

Pour réduire les effets négatifs des opérations minières sur l'environnement, des procédures efficaces de gestion des déchets électroniques doivent être mises en œuvre, notamment le recyclage des équipements miniers obsolètes. Donner la priorité à la réduction des déchets, promouvoir une élimination responsable et soutenir les programmes d'aide au recyclage des déchets électroniques sont autant d'actions que les mineurs et les fabricants devraient prendre.

La création d'alliances entre les mineurs de Bitcoin et les producteurs d'énergie renouvelable peut promouvoir une infrastructure énergétique plus verte. Ces partenariats pourraient réduire la dépendance aux sources d'énergie fossiles en garantissant un approvisionnement constant en énergie renouvelable pour les opérations minières.

La création de normes industrielles et d'accréditations pour les techniques d'exploitation minière éthique peut promouvoir une conduite éthique au sein de la communauté minière Bitcoin. Ces exigences peuvent aider les mineurs à adopter les meilleures pratiques, à encourager l'efficacité énergétique et à réduire les effets négatifs de leurs activités sur l'environnement.

Pour forger une compréhension commune des enjeux environnementaux liés au minage de Bitcoin, il est essentiel d'interagir avec les parties prenantes, notamment les mineurs, les investisseurs, les régulateurs et le grand public. Il est possible d'encourager une prise de décision responsable et de soutenir les mesures de durabilité en informant les parties prenantes sur les avantages du Bitcoin, les défis environnementaux et les stratégies d'atténuation viables.

L'avancement des progrès technologiques qui augmentent l'efficacité énergétique des opérations minières dépend des initiatives de recherche et de développement en cours. La consommation d'énergie ainsi que l'impact environnemental du minage de Bitcoin peuvent être considérablement réduits grâce à des améliorations dans la conception du matériel, des méthodes de consensus et des techniques de refroidissement.

La mise en place d'un environnement réglementaire favorable favorisant la durabilité et les opérations minières éthiques peut être grandement facilitée par les autorités de régulation. Les gouvernements peuvent établir des règles pour gérer les déchets électroniques, encourager l'ouverture et la responsabilité de l'industrie et offrir des incitations pour l'utilisation de sources d'énergie renouvelables.

L'évolution future du Bitcoin sera influencée par la manière dont son impact environnemental sera perçu et accepté. Les campagnes d'éducation et de sensibilisation du public peuvent aider les gens à comprendre et à soutenir les méthodes d'exploitation minière durables. Cela peut alimenter le désir de méthodes minières plus vertes ainsi que d'investissements et de prises de décisions industrielles éthiques.

Chapitre VII : Bitcoin et impact social

Études de cas illustrant un changement social positif facilité par Bitcoin

La première crypto-monnaie décentralisée au monde, Bitcoin, a montré qu'elle avait la capacité de promouvoir à la fois l'innovation financière et un changement social constructif. Plusieurs efforts visant à répondre aux préoccupations sociales et économiques au niveau international ont été rendus possibles par Bitcoin en raison de ses caractéristiques distinctives, telles que la décentralisation, la sécurité et la transparence. Dans cette section, nous examinerons des études de cas qui démontrent comment Bitcoin a facilité une transformation sociétale constructive. Nous pouvons en apprendre davantage sur le potentiel révolutionnaire du Bitcoin en examinant ces exemples dans des domaines tels que l'inclusion financière, les envois de fonds, la charité et l'accès aux services essentiels. Ces études de cas démontrent comment Bitcoin a la capacité d'avoir un effet bénéfique sur la société.

Bitcoin a été utilisé par BitPesa, un réseau de paiement blockchain situé au Kenya, pour améliorer l'inclusion financière en Afrique. BitPesa permet aux particuliers et aux entreprises d'envoyer et de recevoir des paiements, d'accéder aux marchés mondiaux et de contourner les institutions bancaires traditionnelles en utilisant les transactions transfrontalières rapides et abordables de Bitcoin. En réduisant les coûts de transaction et en améliorant l'accès au financement, cela a contribué à l'autonomisation des petites et moyennes entreprises (PME), favorisant ainsi la croissance économique.

Le marché Bitcoin peer-to-peer Paul a apporté une contribution substantielle à la cause de l'inclusion financière, en particulier dans les zones ayant peu d'accès aux services bancaires conventionnels. Grâce à sa plateforme, Paxful permet aux utilisateurs d'acheter et de vendre du Bitcoin en utilisant diverses méthodes de paiement, permettant ainsi aux individus de s'engager dans l'économie mondiale, d'accéder aux services financiers et d'augmenter leur sécurité économique.

Afin de transformer les transferts transfrontaliers, Abra, une plateforme de portefeuille numérique et de transfert de fonds, a exploité la puissance du Bitcoin. Abra utilise les faibles coûts de transaction et la nature sans frontières du Bitcoin pour permettre aux utilisateurs d'envoyer et de recevoir de l'argent à l'international sans recourir à des intermédiaires conventionnels. Cela a considérablement réduit le coût des envois de fonds, amélioré l'accès financier pour les communautés marginalisées et donné aux familles qui dépendent des envois de fonds pour leur subsistance une bouée de sauvetage.

Un échange de crypto-monnaies mexicain appelé Bitso a utilisé Bitcoin pour faciliter les transferts d'argent au-delà des frontières internationales, en particulier pour ceux qui vivent et travaillent aux États-Unis et souhaitent subvenir aux besoins de leurs proches restés au Mexique. Bitso a contribué à combler le fossé entre les nations en fournissant un service de transfert de fonds transparent et économique, permettant des transactions plus rapides et plus abordables et favorisant la stabilité financière et la croissance économique.

Le Pineapple Fund, créé par un investisseur Bitcoin anonyme, est un excellent exemple de la façon dont Bitcoin a révolutionné la charité. Le Pineapple Fund a fait don de plus de 5 000 Bitcoins (d'une valeur de plusieurs millions de dollars) à un certain nombre de causes, notamment les soins de santé, la conservation de l'environnement, l'éducation et la réduction de la pauvreté, dans le cadre de son objectif de soutenir des organisations et des initiatives caritatives. Le Pineapple Fund a permis un changement social important en finançant des organisations qui s'attaquent à des problèmes sociaux urgents grâce à la transparence et à la sécurité du Bitcoin.

Les propriétaires de Bitcoin peuvent désormais donner de l'argent directement à des œuvres caritatives grâce au réseau Giving Block, qui rationalise les paiements Bitcoin. Giving Block a élargi la portée de la générosité en acceptant les dons de Bitcoin, permettant aux gens d'utiliser leurs avoirs en Bitcoin pour soutenir les organisations qui leur tiennent à cœur. En plus d'accroître l'ouverture aux dons caritatifs et de favoriser une approche plus inclusive et participative de la philanthropie, cela a donné aux ONG l'accès à de nouvelles sources de financement.

Une organisation à but non lucratif appelée Bit Give Foundation utilise Bitcoin pour financer des causes humanitaires partout dans le monde. Grâce à ses initiatives, comme la plateforme Give Track, Bit Give donne aux donateurs la possibilité de suivre la progression de leurs dons Bitcoin et de s'assurer que leur argent est dépensé judicieusement. En utilisant l'ouverture et la traçabilité de Bitcoin, Bit Give encourage la responsabilité dans l'aide humanitaire et aide les communautés marginalisées à recevoir des services essentiels tels que les soins de santé, l'éducation et les secours en cas de catastrophe.

Bitcoin a donné aux populations défavorisées une bouée de sauvetage lors de catastrophes humanitaires et de situations de réfugiés. En contournant les obstacles administratifs et en fournissant un accès rapide aux ressources, des organisations comme Bitation et la Croix-Rouge ont utilisé Bitcoin pour offrir une aide directe aux personnes dans le besoin. La flexibilité du Bitcoin pour fonctionner en dehors des systèmes bancaires établis et sa nature décentralisée ont facilité la fourniture de services de base et d'assistance aux communautés déplacées.

Les études de cas susmentionnées montrent comment Bitcoin a favorisé une transformation sociale bénéfique. Le potentiel d'effets supplémentaires reste très élevé. À mesure que Bitcoin et d'autres crypto-monnaies se développent, elles peuvent contribuer à résoudre des problèmes sociaux dans divers contextes, notamment la microfinance, les procédures de vote, la transparence de la chaîne d'approvisionnement, etc. De plus, les améliorations de la technologie blockchain et l'acceptation croissante des crypto-monnaies peuvent ouvrir de nouvelles voies de collaboration entre les secteurs public et privé, aboutissant à des solutions créatives qui font progresser le progrès social et le développement durable.

Philanthropie et initiatives caritatives au sein de la communauté Bitcoin

Le développement du Bitcoin, la première crypto-monnaie décentralisée de l'histoire, a transformé le secteur bancaire et ouvert de nouvelles opportunités pour les efforts humanitaires et caritatifs. Les qualités distinctives du Bitcoin, telles que son ouverture, sa sécurité et l'absence de frontières géographiques, ont motivé les utilisateurs et les organisations à utiliser cette technologie pour de bon. Cette section examinera les efforts caritatifs et les activités philanthropiques menées par la communauté Bitcoin. Nous pouvons comprendre le pouvoir révolutionnaire du Bitcoin pour provoquer des changements positifs, encourager l'ouverture en matière de philanthropie et résoudre les problèmes sociaux et humanitaires en examinant de nombreuses études de cas, fondations et plateformes.

Grâce à l'introduction de l'efficacité, de l'ouverture et de la traçabilité des dons caritatifs, Bitcoin a bouleversé la philanthropie conventionnelle. Les donateurs peuvent suivre leurs contributions et s'assurer que leur argent est dépensé comme prévu grâce à la technologie blockchain, qui favorise la confiance et la responsabilité dans le processus philanthropique.

Bitcoin présente des avantages évidents pour les activités caritatives. Il rend la philanthropie accessible à un public plus large en permettant des transactions sans frontières, en supprimant le besoin d'intermédiaires, en réduisant les coûts de transaction et en autorisant les micro dons. De plus, la programmabilité et la divisibilité du Bitcoin créent des opportunités pour des projets percutants et de nouvelles stratégies de financement.

Le Pineapple Fund, créé par un utilisateur anonyme de Bitcoin, est un excellent exemple de la façon dont Bitcoin a révolutionné la philanthropie. Le fonds a versé des millions de dollars de dons, soit plus de 5 000 Bitcoins, à de nombreux groupes philanthropiques travaillant dans des domaines tels que la santé, l'éducation, la réduction de la pauvreté et la préservation de l'environnement. Le Pineapple Fund a déclenché une frénésie de dons et a financé un certain nombre de projets importants dans le monde entier grâce à la sécurité et à l'ouverture de Bitcoin.

Une organisation caritative appelée Bit Give Foundation s'engage à utiliser les technologies blockchain et Bitcoin à bon escient. Grâce à divers programmes, tels que la plateforme Give Track, Bit Give permet aux donateurs de suivre la progression de leurs dons Bitcoin et garantit que les fonds seront reversés à des projets philanthropiques réputés et ouverts. Afin d'encourager la transparence et la responsabilité en matière de philanthropie, la fondation a soutenu des efforts dans des secteurs tels que la santé, l'éducation, les secours en cas de catastrophe et la conservation de l'environnement.

Un site appelé The Giving Block permet les paiements en crypto-monnaie à des causes caritatives. Il facilite les dons directs de Bitcoin et relie les propriétaires de Bitcoin aux organisations à but non lucratif. En acceptant les contributions Bitcoin, le Giving Block élargit la communauté philanthropique, offre une méthode de don caritative plus inclusive et encourage les gens à utiliser Bitcoin pour faire un don à des causes méritantes.

La Fondation Biotope est un groupe caritatif spécialisé dans l'utilisation de Bitcoin pour financer des dons à des causes caritatives. Il offre une plate-forme permettant aux personnes et aux organisations de faire don de Bitcoin à des initiatives liées aux secours en cas de catastrophe, aux soins de santé, aux droits de l'homme et à l'éducation. Biotope profite de la sécurité et de l'ouverture de Bitcoin pour s'assurer que les dons sont dépensés judicieusement et ont un impact social positif.

Afin de répondre aux catastrophes naturelles et aux crises humanitaires, une aide humanitaire rapide et transparente a été rendue possible en grande partie grâce au Bitcoin. Puisqu'il n'y a pas d'intermédiaires typiques impliqués, des transactions directes peer-to-peer sont possibles, permettant un transfert rapide et sécurisé de fonds aux personnes dans le besoin.

Les communautés mal desservies pourraient bénéficier d'une plus grande influence grâce au Bitcoin, ce qui encouragerait également l'inclusion financière. Bitcoin permet aux gens de participer à l'économie mondiale, d'assurer leur indépendance financière et d'échapper au cycle de la pauvreté en leur donnant accès aux services financiers, en particulier dans les zones où l'infrastructure bancaire est médiocre.

L'environnement réglementaire entourant les crypto-monnaies évolue, ce qui présente des difficultés pour les efforts caritatifs au sein de la communauté Bitcoin. Pour les entreprises et les personnes impliquées dans la philanthropie Bitcoin, équilibrer la conformité réglementaire avec les concepts de décentralisation et d'anonymat constitue un défi constant.

Pour que Bitcoin soit plus largement adopté dans le secteur à but non lucratif, il faut développer davantage de connaissances et de compréhension de son potentiel philanthropique. Démystifier la technologie Bitcoin et blockchain et promouvoir son intégration dans les pratiques caritatives peut être réalisé grâce à des campagnes éducatives destinées aux organisations caritatives, aux contributeurs et au grand public. La création de systèmes caritatifs éthiques et efficaces nécessite une coopération entre la communauté Bitcoin, les organisations et les organismes de réglementation. Les parties prenantes peuvent créer des règles, échanger des bonnes pratiques et soutenir un écosystème qui maximise les effets bénéfiques du Bitcoin sur la philanthropie en coopérant.

Afin de stimuler le développement social, lutter contre la pauvreté et stimuler la croissance économique, l'accès aux services financiers est essentiel. Cependant, une grande partie de la population mondiale est encore sous-bancarisée ou totalement non bancarisée, en particulier dans les pays en développement. En donnant accès aux services financiers, en promouvant l'inclusion économique et en suscitant un changement social, l'émergence des crypto-monnaies, en particulier du Bitcoin, a le potentiel de donner du pouvoir aux communautés et aux individus sous-bancarisés. Les difficultés auxquelles sont confrontées les populations sous-bancarisées, le potentiel révolutionnaire des crypto-monnaies et les études de cas démontrant comment Bitcoin a aidé les communautés sous-bancarisées dans les pays en développement seront tous abordés dans cette section.

Les communautés sous-bancarisées se heurtent souvent à des obstacles majeurs lorsqu'elles tentent d'obtenir des services bancaires standards. De nombreuses personnes sont exclues du système financier formel en raison de problèmes tels que la médiocrité des infrastructures physiques, les dépenses coûteuses et les procédures difficiles.

Les personnes sous-bancarisées sont incapables de participer pleinement aux activités économiques et disposent d'un potentiel de croissance et d'autonomisation économique limité sans accès aux services financiers de base, notamment les comptes d'épargne, les prêts et les assurances.

Les disparités sociales et entre les sexes empêchent les groupes sous-bancarisés, en particulier les femmes, d'accéder aux services financiers. Promouvoir un développement économique et social inclusif nécessite de remédier à ces déséquilibres. Les transactions peer-to-peer sont rendues possibles par la structure décentralisée de Bitcoin, qui élimine le besoin d'intermédiaires et réduit les coûts de transaction. Cela permet aux habitants des communautés sous-bancarisées d'accéder immédiatement aux services financiers, quel que soit l'endroit où ils vivent.

Le Bitcoin étant numérique, les communautés sous-bancarisées y ont désormais plus facilement accès en raison de la prolifération des appareils mobiles. Les particuliers peuvent économiser, transmettre et recevoir de l'argent à l'aide de portefeuilles et d'applications Bitcoin mobiles, ce qui en fait un instrument financier sûr et pratique.

Bitcoin a des implications importantes pour les populations sous-bancarisées en raison de ses faibles frais de transaction et de sa capacité à effectuer des transactions transfrontalières rapides. Les gens peuvent envoyer et recevoir de l'argent à moindre coût et plus efficacement, ce qui encourage l'activité économique et facilite les envois de fonds internationaux.

Bitcoin a été utilisé par BitPesa, un réseau de paiement basé sur la blockchain, pour offrir des services financiers aux populations sous-bancarisées en Afrique. BitPesa a responsabilisé les petites et moyennes entreprises (PME), favorisé le commerce et facilité l'accès aux marchés étrangers en permettant des transactions transfrontalières plus rapides et plus abordables.

Avec l'aide de Bitcoin, les communautés sous-bancarisées et non bancarisées des Philippines ont accès aux services financiers via Coins.ph, une plateforme de portefeuille numérique. Grâce à leur plateforme, les gens peuvent créer des portefeuilles virtuels, envoyer de l'argent et accéder aux services financiers nécessaires comme le paiement de factures et les envois de fonds, favorisant ainsi l'inclusion financière et l'autonomisation économique.

Les personnes sous-bancarisées ont des perspectives d'autonomisation financière et

de

mobilité économique grâce à la crypto-monnaie. Les particuliers peuvent économiser de l'argent, établir des dossiers de crédit et obtenir du financement pour des projets commerciaux en utilisant des services financiers, ce qui favorise la croissance économique et l'autosuffisance.

Bitcoin offre un substitut plus rapide, plus rentable et plus sûr aux itinéraires de transfert de fonds conventionnels pour les zones sous-bancarisées qui dépendent largement des envois de fonds. Bitcoin améliore le flux des envois de fonds, permettant les paiements transfrontaliers et réduisant les coûts de transaction, ce qui est avantageux à la fois pour les expéditeurs et les destinataires.

Les personnes sous-bancarisées ont désormais accès à des opportunités financières auparavant indisponibles grâce au Bitcoin. Les gens peuvent accéder aux ressources et participer à des activités économiques qui soutiennent la croissance individuelle et communautaire grâce à des plateformes de prêt entre particuliers, des campagnes de financement participatif et des investissements dans des actifs numériques.

Pour que Bitcoin soit largement adopté, il est crucial de promouvoir l'alphabétisation numérique et d'informer les zones sous-bancarisées de ses avantages. Les programmes éducatifs mettant l'accent sur la cybersécurité, les compétences numériques et la culture financière peuvent responsabiliser les gens et accroître leur confiance dans les cr ypto-monnaies.

Afin d'accroître l'utilisation du Bitcoin dans les régions sous-bancarisées, il est essentiel de moderniser l'infrastructure numérique, notamment la connectivité Internet et les technologies mobiles. Les gouvernements, les entreprises et les organisations à but non lucratif travaillant ensemble peuvent faire progresser la croissance des infrastructures et améliorer l'accessibilité des services financiers.

L'adoption du Bitcoin dans les populations sous-bancarisées dépend de la certitude réglementaire et des politiques encourageantes. Les gouvernements peuvent mettre en place des réglementations qui encouragent l'innovation tout en protégeant les consommateurs, fournir des règles claires et soutenir des programmes qui favorisent l'inclusion financière.

Chapitre VIII : Risques et limites du Bitcoin

Volatilité et risques de marché

La première crypto-monnaie décentralisée, Bitcoin, s'est considérablement développée et a suscité l'intérêt des investisseurs et des passionnés du monde entier. Cependant, Bitcoin est bien connu pour sa volatilité inhérente et ses risques de marché, en plus de son potentiel de gains élevés. Cette section explorera les caractéristiques de la volatilité du Bitcoin, examinera les raisons qui affectent les fluctuations des prix et parlera des risques associés au marché. Les investisseurs peuvent naviguer dans l'environnement du marché Bitcoin en constante évolution en comprenant la dynamique de la volatilité et des risques de marché.

La volatilité est le degré de fluctuation des prix sur une période donnée. Dans le contexte du Bitcoin, la volatilité fait référence à la vitesse et à l'ampleur des changements de prix, qui sont souvent caractérisés par des changements de prix brusques et un comportement erratique.

Le prix du Bitcoin a considérablement fluctué au cours de son existence. Comprendre les modèles historiques peut donner un aperçu de la nature de la volatilité du Bitcoin, depuis ses débuts avec des fluctuations de prix erratiques jusqu'aux périodes plus récentes de volatilité accrue.

L'offre limitée de Bitcoin et la demande croissante peuvent entraîner une volatilité des prix plus prononcée. La dynamique de l'offre et de la demande peut être considérablement affectée par les chocs d'offre, comme par exemple la réduction de moitié qui limite le taux de création de nouveaux Bitcoins, ainsi que par les changements de sentiment du marché.

La volatilité du marché du Bitcoin est fortement influencée par la spéculation et le sentiment des investisseurs. Des changements de prix importants peuvent résulter d'événements d'actualité, d'annonces réglementaires et du sentiment du marché lorsque les acteurs du marché réagissent à de nouvelles informations et modifient leurs positions.

La volatilité peut augmenter en raison de la valeur marchande inférieure du Bitcoin par rapport aux autres types d'actifs traditionnels. Bitcoin est plus sujet à des fluctuations de prix spectaculaires en raison de la baisse des volumes de transactions et de la liquidité, car des ordres d'achat ou de vente massifs peuvent affecter considérablement le marché.

Les investisseurs courent des risques en raison de la volatilité du Bitcoin, car des changements soudains de prix peuvent entraîner des gains ou des pertes importants. Lorsqu'ils investissent dans Bitcoin, les investisseurs doivent être conscients de la possibilité de fortes baisses de prix et prendre en compte les techniques de gestion des risques.

Les investisseurs peuvent subir des répercussions psychologiques et émotionnelles en raison de la volatilité du Bitcoin. Les fluctuations extrêmes des prix peuvent accroître la volatilité des marchés et alimenter un cycle de comportements spéculatifs en encourageant la peur, l'avidité et la prise de décisions irrationnelles.
Le prix du Bitcoin et le sentiment du marché dans son ensemble peuvent être fortement influencés par les évolutions réglementaires et les préoccupations juridiques qui l'entourent. Des modifications législatives défavorables ou des modifications des lois peuvent accroître la volatilité et présenter des difficultés aux acteurs du marché.

L'exposition d'un portefeuille d'investissement à la volatilité du Bitcoin peut être réduite grâce à une diversification entre plusieurs types d'actifs. Inclure Bitcoin dans un portefeuille avec d'autres investissements conventionnels et non traditionnels peut aider à réduire les risques et à atteindre un meilleur équilibre.

Pour se protéger contre les pertes potentielles ou réduire le risque de baisse, les investisseurs peuvent utiliser des techniques de gestion des risques, notamment le placement d'ordres stop-loss, l'adoption de stop suiveurs et l'utilisation d'options et de contrats à terme.

Les investisseurs qui souhaitent faire face à la volatilité des prix à court terme du Bitcoin peuvent le faire en adoptant une vision à long terme. Une perspective plus large et une moindre importance accordée aux fluctuations de prix à court terme peuvent être obtenues en comprenant les fondamentaux du Bitcoin, son potentiel en tant que technologie révolutionnaire et ses tendances sous-jacentes en matière d'adoption.

La possibilité d'une moindre volatilité existe à mesure que le marché du Bitcoin continue de se développer. Un marché Bitcoin plus sûr et plus stable peut être obtenu grâce à une liquidité accrue, une acceptation accrue et la création d'une infrastructure adaptée à un usage institutionnel.

Une confiance accrue du marché et des cadres réglementaires plus transparents peuvent contribuer à réduire la volatilité et les risques de marché du Bitcoin. La clarté de la réglementation favorise la confiance des investisseurs, la stabilité et la stabilité du marché en attirant les investisseurs institutionnels.

Certaines des causes sous-jacentes de la volatilité du Bitcoin peuvent être résolues par de nouveaux développements technologiques dans des domaines tels que l'évolutivité, la vitesse des transactions et la sécurité. Ces évolutions peuvent renforcer la stabilité globale du marché, réduire les coûts de transaction et améliorer l'infrastructure du marché.

Failles de sécurité et escroqueries potentielles

Il est important d'être conscient des vulnérabilités en matière de sécurité et des escroqueries potentielles qui existent au sein de l'écosystème des crypto-monnaies, alors que Bitcoin continue de gagner en popularité et en utilisation. Bien que Bitcoin présente de nombreux avantages, comme la décentralisation et la transparence, il n'est pas sans risque. Les vulnérabilités de sécurité de Bitcoin, telles que celles liées au piratage, au phishing et aux vulnérabilités du portefeuille, ainsi que les fraudes potentielles auxquelles les gens peuvent être confrontés, seront toutes abordées dans cette section. Les utilisateurs doivent être conscients de ces risques afin de préserver leurs investissements et d'utiliser Bitcoin de manière responsable.

Les cybercriminels sont attirés par Bitcoin en raison de sa nature décentralisée. Les tentatives de piratage, telles que les attaques contre les portefeuilles, les bourses et les ordinateurs personnels, peuvent conduire au vol du Bitcoin et compromettre la sécurité des données privées. Les dangers totaux en matière de cybersécurité associés au Bitcoin sont aggravés par les vulnérabilités logicielles, les mots de passe faibles et les attaques de phishing.

Des vulnérabilités peuvent exister dans les portefeuilles Bitcoin matériels et logiciels.

La sécurité des portefeuilles peut être compromise par des logiciels malveillants, des enregistreurs de frappe et des tentatives d'ingénierie sociale, entraînant potentiellement une perte d'argent. Pour protéger leur portefeuille, les utilisateurs doivent être conscients des risques et prendre de sérieuses précautions de sécurité.

En raison de leur nature de conservation, les échanges centralisés de crypto-monnaies présentent des vulnérabilités en matière de sécurité. Les utilisateurs ont subi d'énormes pertes de Bitcoin à la suite de piratages ciblant les échanges. Pour protéger les fonds des utilisateurs, les bourses doivent se conformer aux meilleures pratiques du

secteur en termes d'infrastructure, de procédures de stockage et de sécurité.

Les stratagèmes de phishing sont courants dans l'industrie Bitcoin, car des acteurs malveillants tentent d'inciter les clients à divulguer leurs informations de connexion ou leurs clés privées. Les attaques de phishing peuvent avoir lieu via de fausses plateformes de réseaux sociaux, des e-mails ou des sites Web. Avant de fournir des informations sensibles, les utilisateurs doivent faire preuve de prudence et confirmer la légitimité des plateformes.

Avec des rendements importants et des structures commerciales instables, les systèmes de Ponzi et pyramidaux ont été liés au Bitcoin. Ces systèmes finissent par échouer lorsque les nouveaux investissements s'arrêtent, car ils dépendent du recrutement de nouveaux participants pour rémunérer les participants existants. Avant de participer à une opportunité d'investissement, les utilisateurs doivent faire preuve de prudence et entreprendre une enquête approfondie.

Les offres initiales de pièces et les ventes de jetons se sont multipliées, ce qui a augmenté le nombre de projets frauduleux. Les fraudeurs fabriquent des projets, collectent des fonds auprès d'investisseurs, puis disparaissent sans fournir les biens ou services qu'ils avaient promis. Avant d'effectuer un investissement, les investisseurs doivent effectuer les recherches nécessaires, examiner les investissements potentiels et confirmer l'authenticité des ICO et des ventes de jetons.

Pour protéger Bitcoin, des procédures de stockage sécurisées doivent être utilisées.

Pour empêcher tout accès non autorisé aux portefeuilles et aux clés privées, il est important d'utiliser des portefeuilles matériels, une authentification multifacteur, des mises à jour logicielles de routine, des mots de passe forts et uniques et des logiciels toujours à jour.

Afin de réduire les risques et de faire progresser la sécurité dans l'écosystème Bitcoin, l'éducation est essentielle. Les utilisateurs doivent se tenir au courant des procédures de sécurité les plus récentes, des jeux d'escroquerie typiques et des signaux d'alarme en matière de fraude. Les utilisateurs peuvent être mieux équipés pour identifier et prévenir de telles escroqueries en étant plus conscients.

Avant de poursuivre des perspectives d'investissement au sein de l'écosystème

Bitcoin,
une diligence raisonnable est requise. Les utilisateurs peuvent découvrir de véritables possibilités et prévenir les fraudes en recherchant des initiatives, en lisant des livres blancs, en examinant les qualifications de l'équipe et en évaluant les conditions du marché.

L'écosystème Bitcoin peut devenir plus sécurisé à l'aide de cadres et de procédures réglementaires. Les gouvernements et les organismes de réglementation peuvent appliquer les réglementations de connaissance du client (KYC) et de lutte contre le blanchiment d'argent (AML) pour les échanges et garantir le respect des normes de sécurité. Les escroqueries peuvent être évitées et les utilisateurs peuvent être protégés contre les actions frauduleuses grâce à des restrictions claires.

Les bourses, les fournisseurs de portefeuilles et les développeurs de blockchain ne sont que quelques exemples d'acteurs du secteur qui peuvent créer et suivre les meilleures pratiques axées sur la sécurité. La protection des actifs des utilisateurs et la promotion d'un écosystème plus sécurisé peuvent être obtenues en mettant en place des politiques de sécurité strictes, en effectuant des audits réguliers et en respectant les normes de l'industrie.

La sécurité de l'écosystème Bitcoin peut être améliorée grâce aux progrès et innovations technologiques continus. Pour réduire les vulnérabilités de sécurité et améliorer la sécurité des utilisateurs, les développeurs et les chercheurs travaillent dur sur des solutions telles que les portefeuilles multi-signatures, les modules de sécurité matériels et les échanges décentralisés.

Pour lutter contre les failles de sécurité et les fraudes, la coopération entre les acteurs du secteur, les régulateurs et les utilisateurs est cruciale. La sécurité de l'écosystème Bitcoin peut être améliorée en échangeant des connaissances sur les nouveaux risques, en signalant les activités suspectes et en encourageant une culture transparente.

Défis réglementaires et interventions gouvernementales

Les gouvernements du monde entier sont confrontés à des difficultés réglementaires alors qu'ils tentent de s'adapter à la nature décentralisée et en croissance rapide de cette classe d'actifs numériques alors que le Bitcoin et d'autres crypto-monnaies continuent de gagner en popularité et en adoption. Les gouvernements doivent gérer les problèmes de protection des consommateurs, de blanchiment d'argent, l'évasion fiscale et de stabilité financière, malgré le fait que les crypto-monnaies présentent de nombreux avantages, notamment l'innovation financière et la croissance économique potentielle. Dans cette section, nous examinerons les problèmes réglementaires liés aux crypto-monnaies, discuterons des mesures prises par le gouvernement pour les résoudre et évaluerons comment elles pourraient affecter l'écosystème Bitcoin.

Les régulateurs sont confrontés à de nombreuses difficultés car les crypto-monnaies comme Bitcoin sont décentralisées. Les cadres réglementaires traditionnels conçus pour les institutions financières centralisées peuvent avoir du mal à tenir compte des caractéristiques particulières des crypto-monnaies décentralisées et de la technologie qui les alimente.

L'une des principales priorités réglementaires consiste à protéger les clients contre la fraude, les escrocs et la manipulation du marché. Les consommateurs peuvent être exposés à des menaces telles que le piratage, le phishing et les stratagèmes frauduleux, car les transactions Bitcoin manquent d'intermédiaires comme les banques.

En raison de leur caractère pseudonyme, les crypto-monnaies ont été associées au blanchiment d'argent, au financement du terrorisme et à d'autres actes illégaux. Pour équilibrer les préoccupations en matière de confidentialité et la préservation des avantages des crypto-monnaies décentralisées, les régulateurs doivent mettre en place des garanties pour réduire ces dangers.

Les gouvernements ont adopté plusieurs stratégies pour la classification judiciaire et la reconnaissance des crypto-monnaies. D'autres les classent comme des matières premières, des titres ou même de l'argent, tandis que d'autres les qualifient d'actifs numériques. Ces divisions influencent la manière dont les crypto-monnaies sont traitées par la loi et la manière dont leurs cadres réglementaires sont appliqués.

Les gouvernements ont adopté des exigences KYC et AML pour les échanges de crypto-monnaies et les fournisseurs de services afin de lutter contre le blanchiment d'argent et les activités illégales. Pour accroître la transparence et garantir le respect des règles anti-blanchiment, ces exigences nécessitent une identification des utilisateurs et un suivi des transactions.

De nombreuses juridictions exigent que les échanges de crypto-monnaies s'enregistrent auprès des organismes de réglementation ou obtiennent des licences. En encourageant la responsabilité, en défendant les clients et en réduisant les risques d'échange, notamment le piratage, la fraude et la manipulation du marché, cette stratégie espère protéger les utilisateurs.

Pour garantir que les transactions en crypto-monnaies soient soumises à la législation fiscale appropriée, les gouvernements ont mis en place des mesures fiscales. Pour une transparence et une conformité fiscale accrues, cela implique également de divulguer les plus-values, les revenus issus du minage de crypto monnaies et les transactions liées
aux crypto monnaies.

Les actions gouvernementales peuvent améliorer la protection des investisseurs et la confiance du marché dans l'écosystème Bitcoin. Un environnement plus fiable et plus sûr pour les utilisateurs et les investisseurs peut être créé avec le soutien de la surveillance réglementaire, des exigences de licence et du respect des règles KYC et AML.

Pour favoriser les évolutions technologiques dans l'écosystème Bitcoin, il est essentiel de trouver un équilibre entre régulation et innovation. Les gouvernements doivent trouver un équilibre entre la protection des intérêts des citoyens et la promotion de l'innovation, car des réglementations trop strictes peuvent entraver la croissance des applications innovantes de la blockchain et les développements technologiques.

Afin de relever de manière cohérente les défis réglementaires, la coopération internationale et l'harmonisation des règles sont cruciales compte tenu du caractère mondial des crypto-monnaies. La collaboration entre les gouvernements et les organismes de réglementation peut faciliter le partage des meilleures pratiques, l'alignement des normes et l'arrêt des arbitrages réglementaires.

Les cadres réglementaires peu clairs ou incohérents peuvent être déstabilisants pour les utilisateurs et les entreprises de l'écosystème Bitcoin. Il peut être difficile et coûteux de se conformer aux diverses normes réglementaires entre les juridictions, ce qui pourrait entraver la croissance du marché et l'innovation.

Il est nécessaire de trouver le juste équilibre entre réglementation et confidentialité. Une réglementation excessive peut compromettre l'anonymat des utilisateurs et les caractéristiques de confidentialité des crypto-monnaies, limitant ainsi l'inclusion financière de ceux qui n'ont pas accès aux services bancaires conventionnels.

Il est possible que des opérateurs historiques puissants aient un impact sur les cadres réglementaires, ce qui entraînerait une capture de la réglementation et un étouffement de la concurrence et de l'innovation. Pour mettre fin aux activités anticoncurrentielles et garantir des règles du jeu équitables pour tous les participants de l'écosystème Bitcoin, les gouvernements doivent continuer à être vigilants.

Les gouvernements devraient mettre en œuvre des cadres réglementaires adaptables et proportionnés qui parviennent à un équilibre entre la protection des consommateurs, l'intégrité du marché et l'innovation afin de résoudre les problèmes réglementaires. Les réglementations doivent être suffisamment adaptables pour prendre en compte les changements dans la dynamique du marché et les améliorations technologiques.

Pour créer des cadres réglementaires efficaces et uniformes, les gouvernements, les agences de réglementation, les acteurs de l'industrie et les parties prenantes doivent travailler ensemble. Une communication régulière, le partage d'informations et la

collaboration peuvent aboutir à des jugements réglementaires plus éclairés et impar
tiaux.

Les gouvernements devraient continuer à surveiller les effets de leurs initiatives, à
évaluer l'efficacité des mesures réglementaires et à ajuster les réglementations si
nécessaire à mesure que l'écosystème Bitcoin se développe. Les réglementations
doivent rester flexibles et adaptables aux conditions changeantes du marché et aux
progrès technologiques.

Considérations éthiques et côté obscur du Bitcoin

Avec des avantages tels que l'autonomie financière, la sécurité et les transactions sans
frontières, Bitcoin, une monnaie numérique décentralisée, a fondamentalement
modifié l'environnement financier. Cependant, comme toute technologie
révolutionnaire, Bitcoin a un côté obscur et certaines questions éthiques. Les
implications éthiques du Bitcoin, notamment son potentiel d'activité illégale, ses effets
environnementaux et la disparité des richesses, seront abordées dans cette section.
Pour garantir l'adoption responsable et à long terme du Bitcoin, les utilisateurs, les
politiciens et la société en général doivent comprendre ces implications éthiques.

La création de nouveaux Bitcoins et la validation des transactions via le processus de minage de Bitcoin nécessitent beaucoup de puissance informatique et d'énergie. Les préoccupations concernant la durabilité et les émissions de carbone sont soulevées par l'impact environnemental du minage de Bitcoin.

L'impact environnemental causé par l'exploitation minière de Bitcoin est désormais pris en compte. Des techniques minières plus vertes et une empreinte carbone plus faible pour le réseau Bitcoin sont favorisées par des innovations telles que l'utilisation d'énergies renouvelables, un matériel minier plus économe en énergie et l'étude d'algorithmes de consensus alternatifs.

En raison de la nature pseudonyme de Bitcoin, des inquiétudes ont été soulevées quant à la manière dont il pourrait être utilisé pour faciliter des activités illégales telles que l'évasion fiscale, le blanchiment d'argent, ainsi que les transactions sur le marché darknet. Le caractère décentralisé et international du Bitcoin rend difficile pour les organismes chargés de l'application des lois de surveiller et de contrôler les transactions illégitimes.

Les gouvernements et les organismes de réglementation ont pris des mesures pour résoudre les problèmes moraux soulevés par les activités illégales. Ces risques devraient être réduits grâce aux exigences de connaissance du client (KYC) ainsi qu'aux exigences de lutte contre le blanchiment d'argent (AML) pour les échanges de crypto monnaies, à une surveillance réglementaire renforcée et aux partenariats entre les organismes chargés de l'application de la loi et l'industrie de la cryptographie.

Les premiers utilisateurs de Bitcoin ont récolté d'importantes récompenses financières, soulevant des questions sur la concentration des richesses et l'augmentation des disparités de richesse. La répartition inégale des richesses soulève des questions morales sur l'équité et les conséquences sociétales.

Bitcoin offre des perspectives d'inclusion financière, mais pour les communautés mal desservies et les personnes disposant de peu de ressources, l'accès à la technologie, la culture numérique et les barrières à l'entrée présentent des difficultés. Afin de garantir l'égalité d'accès et de mettre un terme aux disparités croissantes de revenus, il est essentiel de réduire la fracture numérique.

Les investisseurs courent des risques en raison de la forte volatilité des prix du Bitcoin, en particulier ceux motivés par la spéculation. Les fluctuations du marché peuvent entraîner des gains ou des pertes substantiels, ce qui pourrait avoir un impact sur le bien-être financier des individus et soulever des questions morales sur la manière de protéger les investisseurs.

Pour minimiser les risques liés à l'investissement Bitcoin, il est crucial de promouvoir la culture financière et les pratiques d'investissement éthiques. L'éducation des investisseurs sur les caractéristiques des crypto-monnaies, la dynamique du marché et les techniques de gestion des risques peut favoriser la prise de choix judicieux et réduire la possibilité d'activités commerciales déloyales.

La technologie Blockchain devrait mettre l'accent sur les questions éthiques dans son développement et son application, selon les créateurs de Bitcoin et les parties prenantes de l'industrie. Les décisions de conception, les précautions de sécurité et l'ouverture peuvent encourager l'adoption éthique et résoudre tout problème éthique.

L'environnement éthique du Bitcoin est largement façonné par les décideurs politiques. Pour promouvoir une adoption responsable et répondre de manière adéquate aux préoccupations éthiques, des réglementations qui parviennent à un équilibre entre l'innovation, la protection des consommateurs et l'impact social sont essentielles.

Il est crucial d'éduquer le public et de le sensibiliser aux questions éthiques liées au Bitcoin. Les gens peuvent prendre des décisions éclairées et soutenir une acceptation plus morale du Bitcoin en soutenant des projets qui favorisent la transparence, mettent en évidence les risques potentiels et promeuvent un comportement responsable.

Conclusion

Récapitulatif des points clés discutés

Dans cet ebook, nous avons examiné une variété de sujets liés au Bitcoin, notamment son développement et son contexte historique ainsi que ses avantages, ses inconvénients et ses implications éthiques. Dans ce dernier article, nous résumons les principales idées abordées et mettrons en évidence les leçons importantes tirées de notre examen de l'environnement de Bitcoin.

I. Apprendre à connaître Bitcoin

Nous avons commencé par définir Bitcoin et explorer ses idées fondamentales. Construit sur la technologie blockchain, Bitcoin est une monnaie numérique décentralisée qui offre des transactions peer-to-peer, de la sécurité et de la transparence. Elle offre aux gens une indépendance financière et une responsabilisation et opère en dehors des structures financières établies.

II. Contexte et développement dans l'histoire

Nous avons étudié le contexte et la croissance historique du Bitcoin, en remontant ses débuts à la publication en 2008 par Satoshi Nakamoto du livre blanc Bitcoin. Depuis lors, Bitcoin est passé d'une idée non éprouvée à un actif numérique largement accepté, transformant le secteur financier et stimulant la création de milliers d'autres cr ypto-monnaies.

III. Idées importantes : décentralisation, cryptographie et blockchain

Nous avons examiné les idées de base qui sous-tendent la technologie Bitcoin. Un registre distribué appelé blockchain garantit l'immuabilité, la sécurité et la transparence des transactions. Une caractéristique clé du Bitcoin est la décentralisation, qui élimine le besoin d'intermédiaires, donne plus de pouvoir aux gens et rend possibles les transactions peer-to-peer. Les transactions sécurisées et privées du réseau Bitcoin reposent sur la cryptographie.

IV. En quoi Bitcoin diffère des monnaies et méthodes de paiement conventionnelles

Nous avons souligné les caractéristiques distinctives du Bitcoin qui le distinguent des autres formes de monnaie et des systèmes de paiement. Bitcoin a une offre fixe et prévisible et fonctionne indépendamment des banques centrales. En raison de sa nature numérique, il remet en question les restrictions des institutions bancaires conventionnelles et permet des transactions sans frontières à faible coût.

V. Avantages du Bitcoin

Nous avons étudié les avantages du Bitcoin en nous concentrant sur plusieurs facettes. Étant donné que Bitcoin donne accès aux services financiers aux communautés non bancarisées et sous-bancarisées, l'autonomisation financière est devenue un avantage crucial. Une efficacité et une rentabilité améliorées sont assurées grâce à des coûts de transaction inférieurs et à des transferts transfrontaliers plus rapides. Les identités et les transactions des utilisateurs sont protégées par une confidentialité et une sécurité améliorées. De plus, Bitcoin favorise les opportunités d'inclusion financière, d'expansion économique et d'innovation.

VI. Défis et considérations éthiques

Nous avons reconnu les difficultés et les problèmes moraux qui entourent Bitcoin. Les investisseurs peuvent être confrontés à des difficultés dues à la volatilité et aux risques de marché, ce qui souligne l'importance des plans de gestion des risques et des stratégies d'investissement à long terme. Des préoccupations concernant les effets environnementaux du minage de Bitcoin ont été exprimées, bien que des tentatives soient faites pour adopter des techniques de minage durables et respectueuses de l'environnement. Les fraudes potentielles, les disparités de revenus et les difficultés réglementaires rencontrées par les pays dans l'écosystème Bitcoin étaient autant de problèmes éthiques.

VII. Interventions gouvernementales et cadres réglementaires

Nous avons parlé de l'environnement réglementaire de Bitcoin, en nous concentrant sur les initiatives gouvernementales destinées à résoudre des problèmes tels que la protection des consommateurs, le blanchiment d'argent et la stabilité financière. À l'échelle mondiale, de nombreuses méthodes réglementaires existent, notamment celles régissant la fiscalité, les licences et les normes KYC/AML.

Nous avons examiné les perspectives et les opportunités du Bitcoin à l'avenir. Les percées technologiques, la clarté législative, la collaboration et l'éducation ont été identifiées comme éléments importants pouvant influencer une adoption plus durable et éthique du Bitcoin. Au-delà des monnaies numériques des banques centrales, des contrats intelligents et de la finance décentralisée, la technologie blockchain présente un grand potentiel d'innovation supplémentaire.

L'environnement du Bitcoin est vaste et complexe, avec de nombreux facteurs importants à prendre en compte. De sa croissance historique à ses avantages, difficultés et enjeux éthiques, Bitcoin a changé et change encore le monde financier. Pour les citoyens, les décideurs politiques et la société dans son ensemble, il est crucial de comprendre ses fondements technologiques, d'apprécier ses avantages potentiels et d'affronter ses obstacles. Nous pouvons utiliser le potentiel du Bitcoin à des fins bénéfiques tout en réduisant les dangers et en favorisant un avenir financier plus inclusif et plus durable en naviguant dans le paysage Bitcoin avec compréhension et prise de décision responsable.

Réflexions finales sur le pouvoir transformateur du Bitcoin

Nous avons vu le pouvoir révolutionnaire du Bitcoin et son potentiel à perturber le secteur financier au cours de cet examen approfondi de l'écosystème Bitcoin. Dans cette section, nous aborderons les principaux points soulevés et soulignerons à quel point le Bitcoin est révolutionnaire et ce qu'il signifie pour les personnes, la société et l'économie mondiale. Nous sommes mieux à même de saisir le potentiel du Bitcoin et les difficultés qui nous attendent lorsque nous comprenons ses vastes effets.

I. Indépendance financière et pouvoir

Bitcoin donne aux utilisateurs une indépendance financière et un contrôle sur leur propre argent, ce qui leur donne du pouvoir. En supprimant le besoin d'intermédiaires, cela rend possibles les transactions peer-to-peer et réduit la dépendance à l'égard des institutions financières conventionnelles. Les communautés sous-bancarisées et non bancarisées ont des opportunités grâce à cette autonomisation financière, qui favorise l'inclusion financière et soutient le progrès économique.

II. Perturber les systèmes financiers traditionnels

Les anciens systèmes financiers, longtemps dominés par les banques centrales et les intermédiaires, sont remis en question par le bitcoin. En raison de sa structure décentralisée, basée sur la technologie blockchain, on dépend moins des institutions centralisées. Des frais de transaction réduits, des transferts transfrontaliers plus rapides, une confidentialité améliorée et une sécurité accrue ne sont que quelques avantages de cette perturbation qui contribuent à créer un écosystème financier plus efficace et plus inclusif.

III. Innovations au-delà du Bitcoin : la révolution de la blockchain

La blockchain, qui alimente Bitcoin, a amorcé une révolution qui va au-delà du monde de la monnaie. La gestion de la chaîne d'approvisionnement, les soins de santé, les systèmes de vote et d'autres secteurs pourraient être transformés par les caractéristiques immuables et transparentes de la blockchain. Le potentiel révolutionnaire du Bitcoin est renforcé par les puissants outils des contrats intelligents et de la finance décentralisée (DéFi), qui utilisent la technologie blockchain pour développer de nouveaux produits et plateformes financières.

IV. Défis et considérations éthiques

Le Bitcoin présente de nombreux avantages, mais il comporte également son lot de difficultés et de préoccupations éthiques. Les investisseurs sont confrontés à la volatilité et aux risques de marché, ce qui nécessite des plans de gestion des risques et des techniques d'investissement éthiques. Bien que les initiatives visant à adopter des techniques minières plus propres offrent des perspectives de durabilité, l'impact environnemental du minage de Bitcoin suscite des inquiétudes. Les fraudes potentielles, les disparités de revenus et les difficultés réglementaires rencontrées par les pays dans l'écosystème Bitcoin sont autant de problèmes éthiques. Pour que le Bitcoin soit adopté de manière responsable et durable, ces problèmes doivent être résolus.

V. Interventions gouvernementales et cadres réglementaires

Les gouvernements et les agences de réglementation jouent un rôle crucial dans la détermination du développement futur du Bitcoin. Malgré l'importance d'établir un équilibre entre réglementation et innovation, des mesures réglementaires proactives sont nécessaires pour garantir la protection des consommateurs, mettre fin aux activités illégales et maintenir la stabilité financière. Un environnement sécurisé et bien réglementé pour Bitcoin nécessite des cadres juridiques clairs, des normes internationales unifiées et la coopération des parties prenantes.

VI. Collaboration et éducation

La collaboration et l'éducation sont nécessaires pour que le plein potentiel de Bitcoin soit réalisé. Pour encourager la compréhension, la transparence et un comportement responsable au sein de l'écosystème Bitcoin, les acteurs de l'industrie, les gouvernements et le grand public doivent collaborer. Les initiatives visant à promouvoir la littératie financière, la cybersécurité et l'éducation à la technologie blockchain sont essentielles si les gens veulent comprendre le potentiel révolutionnaire
du Bitcoin et prendre des décisions judicieuses.

VII. L'avenir du Bitcoin et au-delà

Alors que nous regardons vers l'avenir, le paysage financier mondial est toujours façonné par la capacité perturbatrice du Bitcoin. Le développement d'un système financier plus accessible, efficace et transparent est facilité par les avancées technologiques, la clarté de la réglementation et une acceptation croissante. Le potentiel des applications décentralisées, l'adoption des crypto-monnaies dans la vie quotidienne et l'émergence des monnaies numériques émises par les banques centrales démontrent à quel point l'écosystème financier continue d'évoluer.

Preuve incontestable du pouvoir transformateur du Bitcoin. Grâce à l'utilisation de la technologie blockchain, elle responsabilise les individus, sape les structures financières établies et favorise l'innovation. Les obstacles qui accompagnent ce potentiel de transformation incluent cependant la volatilité, les effets environnementaux et les problèmes de réglementation. Nous pouvons utiliser Bitcoin à son plein potentiel et exploiter sa capacité de transformation pour construire un avenir financier plus inclusif, efficace et moral en abordant ces problèmes et en adoptant une adoption responsable. Pour naviguer dans le paysage changeant du Bitcoin et saisir le potentiel qu'il recèle pour les personnes, les entreprises et la société dans son ensemble, le chemin à parcourir nécessite la coopération, l'éducation et une gouvernance proactive.

Encouragement à une exploration plus approfondie et à un engagement avec Bitcoin

Dans cet ebook, nous avons exploré les nombreuses fonctionnalités du Bitcoin, en découvrant ses origines, ses détails techniques, ses avantages, ses inconvénients et ses implications morales. Alors que nous approchons de la fin, il est essentiel de promouvoir des recherches supplémentaires et une implication dans le Bitcoin. Cette section vise à motiver les lecteurs à en savoir plus sur Bitcoin, à réaliser son potentiel et à jouer un rôle actif dans la détermination de son orientation future.

I. Renseignez-vous sur Bitcoin : le pouvoir de la connaissance

Les gens doivent donner la priorité à l'éducation et avoir une compréhension approfondie de la technologie sous-jacente du Bitcoin, de la dynamique du marché et de ses utilisations potentielles afin d'apprécier correctement son potentiel de transformation. On peut négocier sa complexité, porter des jugements éclairés et profiter des avantages qu'il offre en consacrant du temps et des efforts à en apprendre davantage sur le Bitcoin.

II. Adopter l'autonomisation financière

Bitcoin donne aux utilisateurs la possibilité de devenir financièrement indépendants et autonomes. Les individus peuvent prendre en charge leurs finances, se libérer de leur dépendance aux systèmes bancaires conventionnels et accéder à un réseau financier mondial qui fonctionne en dehors des frontières des institutions établies en participant activement à l'écosystème Bitcoin. Cette autonomisation encourage l'inclusion financière, la liberté économique et la capacité de s'engager dans une économie internationale décentralisée.

III. Opportunités commerciales et développement économique

L'écosystème Bitcoin offre des opportunités aux entreprises et au développement économique. Les particuliers et les entreprises peuvent innover, développer de nouveaux modèles commerciaux et soutenir l'expansion d'une économie décentralisée en étudiant les applications croissantes de la technologie blockchain et de la finance décentralisée. Un changement mondial positif peut être déclenché en adoptant cette révolution technologique et ses avantages économiques.

IV. Investir dans l'avenir

Le potentiel du Bitcoin en tant que classe d'actifs pour les investissements a été démontré. Les particuliers peuvent diversifier leurs portefeuilles, éventuellement profiter de la croissance des prix et participer à la révolution financière imminente en investissant dans Bitcoin. Pour investir dans Bitcoin, il est essentiel d'avoir une vision à long terme, d'utiliser des techniques de gestion des risques fiables et d'être conscient de la volatilité du marché.

V. Participation de l'industrie et innovation collaborative

Une participation industrielle active est essentielle si l'on veut que le Bitcoin et son écosystème aient un avenir radieux. La collaboration, le partage d'informations et la contribution sont tous importants pour la création de nouvelles technologies, applications et infrastructures entre entrepreneurs, développeurs et innovateurs. Les individus peuvent façonner l'orientation de l'écosystème, promouvoir l'innovation et contribuer à son développement en participant activement à la communauté Bitcoin.

VI. Participer au processus de gouvernance : politique et réglementation

L'environnement réglementaire entourant Bitcoin continue de se développer, offrant aux personnes et aux organisations la possibilité de participer à la formulation de nouvelles réglementations. Les individus peuvent influencer l'environnement juridique et réglementaire entourant Bitcoin en participant activement aux conversations, en faisant pression pour une réglementation responsable et en aidant à construire des cadres réglementaires. Grâce à une telle implication, l'innovation, la protection des consommateurs et la stabilité financière peuvent toutes être équilibrées.

VII. Impact social et questions éthiques

Lorsqu'on utilise Bitcoin, il faut également prendre en compte ses implications morales et sociales. Les gens devraient considérer à quel point l'exploitation minière Bitcoin est respectueuse de l'environnement, rechercher activement des options d'investissement éthiques et encourager une conduite éthique dans l'ensemble de l'écosystème. Les gens peuvent contribuer à créer un écosystème Bitcoin plus durable et socialement responsable en alignant leur activité sur des idéaux éthiques.

VIII. Promouvoir l'adoption et sensibiliser

Il faudra prendre des mesures délibérées pour faire connaître le Bitcoin et informer les gens de ses avantages potentiels si nous voulons le voir utilisé plus largement. Les gens peuvent faire connaître les avantages du Bitcoin, clarifier les mythes et encourager la compréhension entre leurs amis, collègues et communautés. Nous pouvons encourager une adoption généralisée et un changement positif en établissant une culture de partage des connaissances et d'engagement responsable.

L'impact du Bitcoin va bien au-delà de sa nature purement numérique. Elle a la capacité de transformer les systèmes financiers, de donner plus de pouvoir aux citoyens et de promouvoir la croissance économique mondiale. Les gens peuvent profiter des opportunités, surmonter les obstacles et contribuer activement aux progrès de Bitcoin en encourageant une enquête plus approfondie et une implication dans celui-ci. Grâce au plaidoyer, à l'éducation, à l'autonomisation financière, à l'entrepreneuriat, à l'investissement, à la collaboration, à la gouvernance responsable et à des considérations éthiques, les gens peuvent utiliser Bitcoin pour contribuer à créer un avenir plus inclusif, durable et significatif. C'est une voie qui nécessite une formation continue, de la flexibilité et un engagement à utiliser la technologie au profit de la société. Afin de construire un avenir qui responsabilise les gens et favorise un changement constructif, exploitons ce potentiel de transformation, explorons de nouveaux domaines et engageons-nous activement dans Bitcoin.

Merci d'avoir acheté et lu/écouté notre livre. Si vous avez trouvé ce livre utile/utile, prenez quelques minutes et laissez un commentaire sur la plateforme sur laquelle vous avez acheté votre livre. Vos commentaires comptent beaucoup pour nous.